時報出版

謝沅瑾

牛年大解析

生肖運勢

二〇二一辛丑年

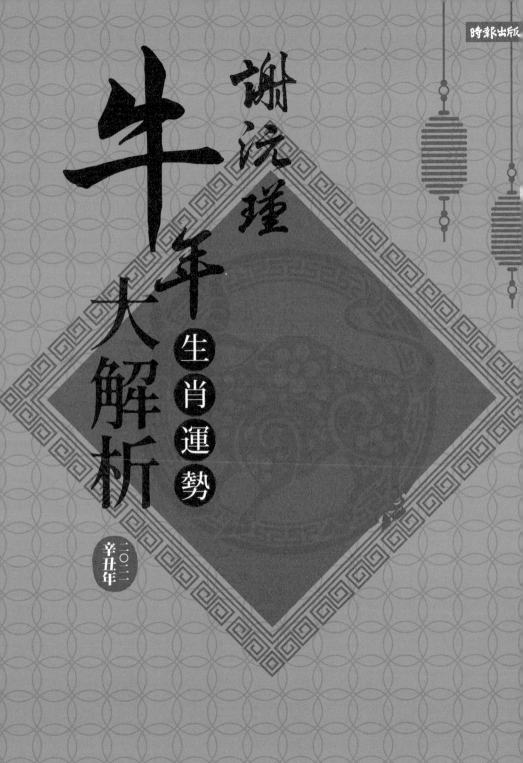

自序

我從一九七八年開始學習命理五術風水，無論古籍、通書或現今風水刊物，始終覺得博大精深，浩瀚無底，進而接觸日本、韓國……等各國命理五術刊物，更覺得深淺不一，各有所述。

一九九四年，我開始長期參與各大電視台採訪錄影，談風水命理，到二〇〇三年，受邀《台灣妙妙妙》專業風水節目錄影長達兩年，其間「風水命理界教父」之名不脛而走，用科學角度分析解釋，開創專業風水命理解析先例，深得好評，其收視率之高，首播加上重播長達十年之久。

自二〇〇四年「風水命理教科書系列」出版後，更造成出版界的一股風水命理旋風，第一本風水書銷售二十七萬冊以上的佳績，連續七年以上排行榜冠軍，更是締造命理類書籍的紀錄，出版業甚至有專文討論解析本書瘋狂銷售的原因，除了讓風水普及之外，更讓大家有正確的科學風水觀。一直以來，除了希望讓大家有正確的風水觀念，以免受騙之外，我更希望能夠讓「通書」、「農民曆」和「命理」融合，讓更多的人方便簡單好用。

常常遇到許多年長的媽媽們，一說到「農民曆」，大部分不是因為內容艱澀使她們「看不懂」，要不然就是密密麻麻的字讓她們「看不清楚」，再者，農民曆中往往充斥許多「不知所云」的內容。因此做一本精確、實用、容易閱讀的農民曆，不只是獻給我自己的爸爸、媽媽，更獻給普天之下有福份的每一位爸爸、媽媽。這本農民曆設計上方便使用、簡單易懂，讓讀者可以自己選擇吉日、吉時，並輕鬆找出每天的財位、貴人、旺方、喜門……等方位，並能避開每天的煞方，讓每個人都能輕鬆趨吉避凶，幫助大家事業有成，事半功倍。

本書更增加了生肖運勢大解析，為大家用生肖與農曆月份排出流年流月，提醒讀者留心自己與家人的運勢，可以提前消災解厄、招財納福。

期望能以此書，讓我的希望理想和座右銘能夠落實在每一位有福氣的朋友身上，那就是：

風水，
讓富人累積財富，
讓窮人改變命運！

謝沅瑾

謝沅瑾老師大事紀

西元	年齡	重要經歷
1970	6	● 開始學習國術
1978	14	● 開始學習命理五術
1982	18	● 以業餘身份開始從事命理工作 ● 考上國術、太極拳合格教練
1990	26	● 白手起家配合專業知識創立連鎖事業
1993	29	● 正式執業，成立「謝沅瑾命理研究中心」
1994	30	● 開始長期接受台視、中視、華視、三立、東森……等九家台灣電視台以及平面媒體新聞採訪報導
1995	31	● 受邀長期參與台灣各有線無線電視台節目錄影
1996	32	● 受邀長期參加台灣三立電視台《穿梭陰陽界》、台灣GTV 27《神通鬼大》……等節目錄影
1997	33	● 受邀長期參加台灣中視電視台《社會秘密案》……等節目錄影
1998	34	● 受邀長期參加台灣超級電視台《星期天怕怕》、台灣八大《神出鬼沒》……等節目錄影
1999	35	● 受邀長期參加日本電視台電視錄影 ● 受邀參加台灣東森電視台《鬼話連篇》……等節目錄影長達五年
2000	36	● 受邀長期參加台灣三立電視台《第三隻眼》……等節目錄影
2001	37	● 受邀長期參加台灣東森S電視台《社會追緝令》、台灣GTV 28《命運大作戰》……等節目錄影
2003	39	● 受邀參加台灣中天電視台《台灣妙妙妙》……等節目錄影長達兩年
2004	40	● 受邀參加上海電視台演講錄影 ● 風水著作「謝沅瑾風水教科書系列」開始出版
2005	41	● 長期受邀於新加坡、馬來西亞……進行多次演説 ● 受邀參加台灣緯來電視台《好運望望來》長達一年、《不可思議的世界》……等節目長期錄影
2006	42	● 「謝沅瑾風水教科書系列」第五本《好風水、好桃花》出版 ● 「謝沅瑾民俗風水百寶箱系列」—《福》、《祿》、《壽》、《喜》出版

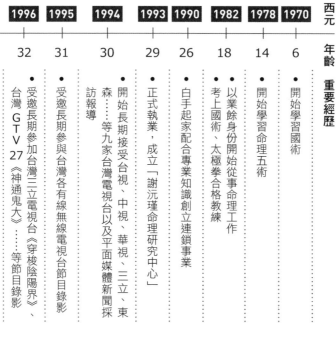

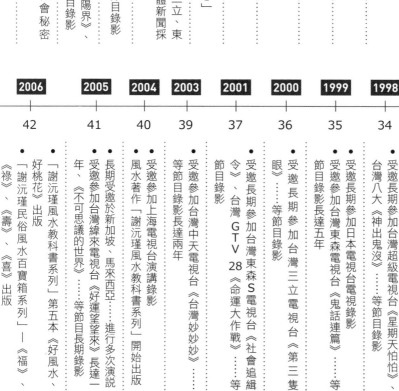

2007　43

- 受邀長期於《獨家報導》撰寫「謝沅瑾回憶錄」，成為第一位在雜誌連載回憶錄的風水命理老師
- 「謝沅瑾風水教科書系列」第六本《招財風水教科書》出版

2008　44

- 「謝沅瑾民俗風水教科書系列」—《謝沅瑾開運農民曆》出版。《一瞬間改變命運》出版

2009　45

- 「謝沅瑾民俗風水教科書系列」—《謝沅瑾老師教你改好運發大財》出版

2010　46

- 受邀長期參與海外澳亞衛視《順風順水》節目錄影
- 「謝沅瑾風水教科書系列」第七本《新居家風水教科書》出版
- 「謝沅瑾民俗風水教科書系列」《謝沅瑾老師教你改好運發大財2》出版

2011　47

- 「謝沅瑾民俗風水教科書系列」第八本《文昌風水教科書》出版
- 「謝沅瑾風水教科書系列」第九本《新居家風水教科書2》出版
- 創立「中國正統民俗風水教育協會」擔任第一屆全國總會理事長
- 當選「中華星相易理堪輿師協進會」第四屆全國總會理事長

2012　48

- 受邀長期參與緯來電視台《風水有關係》節目錄影

2013　49

- 謝沅瑾「行動風水教室」臉書粉絲團成立，開始分享謝沅瑾老師風水案例

2014　50

- 謝沅瑾老師粉絲頁「謝沅瑾命理／民俗文化研究中心」與「謝沅瑾老師行動風水教室」粉絲目前合計突破43萬人
- 出版《謝沅瑾羊年生肖運勢大解析》一書

2015　51

- 出版《觀相》一書，教讀者看相識人
- 出版《謝沅瑾猴年生肖運勢大解析》一書

2016　52

- 出版《謝沅瑾雞年生肖運勢大解析》一書
- 受邀長期參加緯來電視台《來自星星的事》節目錄影

2017　53

- 出版《謝沅瑾最專業的經典居家風水》一書
- 出版《謝沅瑾狗年生肖運勢大解析》一書

2018　54

- 出版《謝沅瑾最專業的財運居家風水》一書
- 出版《謝沅瑾豬年生肖運勢大解析》一書

2019　55

- 出版《謝沅瑾最專業的開運居家風水》一書
- 出版《謝沅瑾鼠年生肖運勢大解析》一書

2020　56

- 出版《謝沅瑾牛年生肖運勢大解析》一書

弟子序　于千祐 老師

- 中華堪星道派第十七代掌門宗師
- 中華易經十大名師
- 中國正統民俗風水教育協會總會理事長
- 中華星相易理堪輿師協進會總會秘書長
- 謝沅瑾命理/民俗文化研究中心專任風水解說老師

謝老師不僅破除了一般人把「風水」與「迷信」畫上等號的錯誤認知，更讓這個傳統的知識用科學的理論論證，與時俱進。

自一九八三年起認識謝沅瑾老師，算一算時間已經三十多年了，很多人都很羨慕我，有什麼樣的因緣際會可以認識謝老師？我想也許一切都是緣分吧。一九八三年，當年我們都還是學生，那時，我想創立台灣協和工商夜間部手語社，在學校老師的指引下，認識了已經創立協和日間部手語社半年有餘的謝老師，在他的協助下，終於完成了我的夢想。接著我又加入謝老師在松山區青少年福利服務中心創立的手語社。這個手語社裡，有來自台北市各個有意願創立手語社的高中高職所派出的學生代表，大家一起在這裡學習手語及手語歌，學成之後回到學校去創立手語社，這些學生也就是第一批手語歌流行歌曲表演的種子。

除了和謝老師一起練習手語、手語歌之外，我也和許多人一起向謝老師學習「功夫」（國術），再把國術與手語結合，一起表演。但謝老師是個有豐富才藝的人，最讓我欣賞的並不只是上述的這兩項，而是「文筆」與「易經風水命理」。謝老師在學校裡可說是風雲人物，不論是攝影、文章、新詩等，都有他的作品。從此結下了這個不解之緣。

這麼多年來，我跟隨謝老師走遍世界各地，在眾多場合聽他解析各國不同的風水建築，除了感佩他的知識涵養深厚之外，更讓我感動的是謝老師對「易經風水民俗」永遠不變的熱忱。不論是在華人或非華人區，面對東方或西方人，只要你對風水有興趣，只要你願意提問，謝老師就會不厭其煩的為你詳細解說。他就像是一座大型的知識庫，能從「科學的角度」、「民俗的說法」、「風水的原理」、「依據和根源」全方位的分析老祖宗的智慧，不僅破除了一般人把「風水」與「迷信」畫上等號的錯誤認知，更讓這個傳統的知識用科學的理論論證，與時俱進。我想，這也就是為什麼謝老師能夠讓這麼多政商名流、科技新貴、藝人明星到一般大眾都能信服他、喜歡他的原因吧。

從一九九四年第一個電視新聞採訪開始，到二〇〇四年謝老師的第一本著作出版，二〇一〇年更在澳門「澳亞衛視」開創第一個兩岸四地看的見的「專業風水節目」「順風順水」，拜科技之賜，謝老師是「台灣風水教父」的聲名越來越遠播，走遍世界各地都有人能叫得出謝老師的名字，但無論老師多麼有名，他永遠都能保持赤子之心，永遠那麼謙遜與充滿熱誠，這也是我與老師的弟子們最感佩的地方。

而無論您是老師的觀眾或者讀者，相信看過、聽過他對風水的分析，也能感受到老師對風水的解析真的不一樣，能夠理解他讓大家尊重的原因，他所寫的書，也完全毫不藏私的和大家分享，也希望讀者們都能從中認識到正確的風水知識，並且勇於改變，就像老師經常掛在嘴邊的一句話：「風水讓富人累積財富，讓窮人改變命運」，讓我們一起踏出成功的第一步吧！

弟子序 胡瑋庭 老師

- 中華堪輿道派亞洲區行政負責人
- 中華堪輿道派宗師府大弟子（謝沅瑾老師入室大弟子）
- 謝沅瑾命理／民俗文化研究中心亞洲區行政負責人
- 中國正統民俗風水教育協會全國總會常務理事

自一九九五年認識謝老師開始，從一個拜託謝老師幫忙看自己家裡風水的人，轉變成一個跟著謝老師看人家家裡風水的人，每天和謝老師一起看風水、八字、姓名學已經十八年，然而謝老師給我的感覺，卻跟二十多年前剛認識時一樣，永遠是那麼熱心、真誠與負責。

在開始和謝老師學習時，謝老師已經是一個媒體寵兒，除了固定時間錄影的兩個節目以外，還隨時都會有媒體想要採訪或邀約錄影。

在每天排得滿滿的風水鑑定行程中，還要挪出時間參加各種錄影與訪問，固然考驗了一個助理的能耐，但更考驗了一個老師的品格和人格。

因為在這二十多年來，眼看著許多老師在電視媒體上進進出出、出現消失，或者自以為有名而張牙舞爪、得意洋洋，甚至在命理業務上獅子大開口的人大有人在，能夠像謝老師一樣，在媒體的包圍之下，依然維持一貫的誠實、謙虛、純樸、熱誠的老師，可說是少之又少。

特別是和謝老師在國際舞台上看著美國、日本、新加坡……等世界各國媒體邀約採訪時，一位真正國際級的大師，受到大家真心的尊重，仍然能夠保持平常心，對待所有的人，那種感覺，才是我真正感動的地方。

謝老師要求每一位弟子，一定要有人飢己飢，人溺己溺的精神，並常說道：「法律之前人人平等，相同的，在當老師的人面前也應該是一樣人人平等，絕對不可分貧富貴賤，任何人都有改變命運的權利！」所以和謝老師一起走過的這十八年間，無論是達官貴人，或是一般民眾，謝老師從不分貧富貴賤，都是一樣認真謙虛的對待。

謝老師常常犧牲用餐時間，餓著肚子，還認真的聽每一個人說著自己的問題，看在眼裡，感動湧現在心裡。

在這二十多年中，有好幾次遇到家中發生急難的人，不計一切代價，甚至直接捧著大把鈔票前來，只希望事情能越早處理好越好。這種情況要換做是其他老師，有的可能就照單全收，甚至還趁火打劫，想盡辦法敲竹槓的大有人在，但謝老師不但沒有如此，甚至見到當事人原本就家境困苦，更是伸出援手免費幫忙解決問題，這種善行義舉，對天天和謝老師一起東奔西跑，救苦救難的我們，更是如數家珍。

由於長期在謝老師身邊的關係，謝老師在風水命理姓名學上的專業與準確，對我而言已如同家常便飯，見怪不怪，然而眼看著一位命理老師，長期處在這樣的地位與聲望中，卻依然能保有當年的那股熱情與原則，對我們這種經歷無數，聽過成千上萬家庭的喜怒哀樂的人來說，謝老師的「一路走來始終如一」才是我最敬佩他之處。

弟子序 于子芸 老師

- 中華堪輿道派宗師府二弟子（謝沅瑾老師入室二弟子）
- 中華易經十大名師
- 中國正統民俗風水教育協會全國總會副理事長
- 謝沅瑾命理／民俗文化研究中心總部暨新加坡分部專任解說老師

自一九八四年與謝老師認識，從相信風水、瞭解風水，進而接觸姓名學，在這麼多年接觸學習的過程中，深知謝老師將所學到的知識，毫無保留的傳授給弟子們。

謝老師告誡弟子們：「要把有用的學問，幫助需要幫助的人，絕不能分貧、富、貴、賤。」更不能用自己所學的學問，去做坑、矇、拐、騙的事去害別人，因為我們所說的任何一句話，都有可能會影響到別人的一生，所以說話必須實在，不要誇大，要將別人的問題，用誠懇的心去處理事情、解決問題。

謝老師始終認為，人應該為自己說的話負責，而謝老師許多傳承自師尊的告誡，像是「稻子愈成熟，頭就要垂得愈低。」、「一個人有三分才華，就要有七分謙虛。」不管擁有多強的實力，身處多高的地位，處事低調、謙虛、誠懇，這些特質從謝老師身上便可看到，這也是老師給弟子們的座右銘，我們時時刻刻都謹記在心。

謝老師是一位無私奉獻、值得尊敬的老師，在教授風水上面，毫不藏私，毫無保留地用最簡單的詞彙，清楚明白的教弟子們和電視機前的每一位觀眾。在世界各國各地的演講中，總有無數的命理老師會到現場聽演講，當我們問老師為什麼還是毫無保留的傳授和回答時，謝老師很認真的跟我們講：「這有什麼關係嗎？正確的命理風水知識，如果可以讓每一個人或每一個老師，有更正確的觀念，去幫助更多需要幫助的人時，其實就是傳播善知識，不是一件很好的事嗎？」

這與許多別的老師藏私、嫉妒、自大的態度相比較，有如天壤之別，更加深了我們對謝老師的尊敬，難怪有這麼多人都稱謝老師為「風水命理界的教父」！

謝老師還常說，學問是學無止境，活到老，學到老。謝老師出書，是為了要讓更多的人瞭解風水、命理，進而無形中能幫助更多的人，誠如謝老師所言：「風水讓富人累積財富，讓窮人改變命運。」

我們非常感恩謝老師的教誨，不僅學習到很多專業方面的知識，也學習到許多待人處事的方法與態度，今後我們將秉持謝老師「幫助所有需要幫助的人」的理念，繼續將謝老師服務濟世的精神傳承下去，幫助更多需要幫助的人。

弟子序　**李秉蓁** 老師

- 中華堪輿道派德國分部負責人
- 中華堪輿道派宗師府五弟子（謝沅瑾老師入室五弟子）
- 中國正統民俗風水教育協會全國總會理事

中國近代「風水史」中，最功不可沒的一人

「風水」這個名詞，是中國在二十一世紀中，令外國朋友印象最深刻的一個詞彙。而中國近代「風水史」中，最功不可沒的一人，非台灣最知名的國際級大師，「謝沅瑾」老師莫屬了。

謝沅瑾老師是台灣第一個純「風水」節目的開山始祖（台灣妙妙妙），自二〇〇三年開播以來，老師的影響力遍及台灣、新加坡、馬來西亞、印尼、美國……連遠在德國的我們也深受其影響。之後二〇〇五年第二個專業風水節目在緯來電視台的「好運望望來」。二〇一〇年澳門「澳亞衛視」的「順風順水」開創了兩岸四地第一個看得見的專業風水節目。二〇一二年緯來電視台的「風水！有關係」……等節目，都是在各地創造高收視率，引領世界各地對中國「風水」一詞研究探討的重要人物，其影響力，在中國「風水文化」歷史定位中是不可抹滅的。不但在世界各地開創了大家對風水的一個新的熱潮，也引領大家對於中國傳統風水的印象，有了非常大的改變。

謝沅瑾老師是第一位在電視上公開用科學的角度解析風水，用現代化顯淺易懂的詞彙分析，把幾十年來的研究，中國人的智慧，大家不論年紀、知識水平的高低，都能理解風水影響的老師。有別於「傳統風水」印象，由於各家秘密不願公開，老師們又各自藏私的重大差別。所以才會被尊稱為「台灣風水命理界的教父」！

遠在德國的我們，也和許多中國人、海外僑胞學子一樣，都是看「謝沅瑾」老師的節目，一路過來的，從自己修正調整，改變風水到親自到台灣取經，登門拜訪謝老師，最令人驚訝的是，「謝沅瑾老師」電視上忠厚老實，和藹親民的印象，在私底下，居然和電視上一模一樣，感覺上就像認識謝老師，很久很久了一樣。而遠在美國也有學子們的論文，和我們一樣是專程到台灣專訪謝老師寫的，連各國的電視台，Discovery Channel……等國際性的節目，也一再到台灣拜訪「謝沅瑾老師」做各種主題性的專訪。

不論您在世界何處，不管您看的是「謝沅瑾老師」的節目或書籍，都祝福您能和我們一樣平安幸福，讓謝沅瑾老師的精神延續下去，「幫助到所有需要幫助的人」，記住老師的名言「風水！讓富人累積財富！讓窮人改變命運！」

目錄

一 生肖運勢大解析

二 開運農民曆

三 擇日與擇時

四 財喜貴方

五 辛丑年風水運用大全

六 辛丑年命名大全

七 招財補運DIY

一

生肖運勢大解析

辛丑年百歲年齡生肖對照表

年份	生肖	年齡
一九二二（11年）	壬戌狗	100歲
一九二三（12年）	癸亥豬	99歲
一九二四（13年）	甲子鼠	98歲
一九二五（14年）	乙丑牛	97歲
一九二六（15年）	丙寅虎	96歲
一九二七（16年）	丁卯兔	95歲
一九二八（17年）	戊辰龍	94歲
一九二九（18年）	己巳蛇	93歲
一九三〇（19年）	庚午馬	92歲
一九三一（20年）	辛未羊	91歲
一九三二（21年）	壬申猴	90歲
一九三三（22年）	癸酉雞	89歲
一九三四（23年）	甲戌狗	88歲
一九三五（24年）	乙亥豬	87歲
一九三六（25年）	丙子鼠	86歲
一九三七（26年）	丁丑牛	85歲
一九三八（27年）	戊寅虎	84歲
一九三九（28年）	己卯兔	83歲
一九四〇（29年）	庚辰龍	82歲
一九四一（30年）	辛巳蛇	81歲
一九四二（31年）	壬午馬	80歲
一九四三（32年）	癸未羊	79歲
一九四四（33年）	甲申猴	78歲
一九四五（34年）	乙酉雞	77歲
一九四六（35年）	丙戌狗	76歲
一九四七（36年）	丁亥豬	75歲
一九四八（37年）	戊子鼠	74歲
一九四九（38年）	己丑牛	73歲
一九五〇（39年）	庚寅虎	72歲
一九五一（40年）	辛卯兔	71歲
一九五二（41年）	壬辰龍	70歲
一九五三（42年）	癸巳蛇	69歲
一九五四（43年）	甲午馬	68歲
一九五五（44年）	乙未羊	67歲
一九五六（45年）	丙申猴	66歲
一九五七（46年）	丁酉雞	65歲
一九五八（47年）	戊戌狗	64歲
一九五九（48年）	己亥豬	63歲
一九六〇（49年）	庚子鼠	62歲
一九六一（50年）	辛丑牛	61歲
一九六二（51年）	壬寅虎	60歲
一九六三（52年）	癸卯兔	59歲
一九六四（53年）	甲辰龍	58歲
一九六五（54年）	乙巳蛇	57歲
一九六六（55年）	丙午馬	56歲
一九六七（56年）	丁未羊	55歲
一九六八（57年）	戊申猴	54歲
一九六九（58年）	己酉雞	53歲

年份	生肖	年齡
一九七〇（59年）	庚戌狗	52歲
一九七一（60年）	辛亥豬	51歲
一九七二（61年）	壬子鼠	50歲
一九七三（62年）	癸丑牛	49歲
一九七四（63年）	甲寅虎	48歲
一九七五（64年）	乙卯兔	47歲
一九七六（65年）	丙辰龍	46歲
一九七七（66年）	丁巳蛇	45歲
一九七八（67年）	戊午馬	44歲
一九七九（68年）	己未羊	43歲
一九八〇（69年）	庚申猴	42歲
一九八一（70年）	辛酉雞	41歲
一九八二（71年）	壬戌狗	40歲
一九八三（72年）	癸亥豬	39歲
一九八四（73年）	甲子鼠	38歲
一九八五（74年）	乙丑牛	37歲
一九八六（75年）	丙寅虎	36歲
一九八七（76年）	丁卯兔	35歲

年份	生肖	年齡
一九八八（77年）	戊辰龍	34歲
一九八九（78年）	己巳蛇	33歲
一九九〇（79年）	庚午馬	32歲
一九九一（80年）	辛未羊	31歲
一九九二（81年）	壬申猴	30歲
一九九三（82年）	癸酉雞	29歲
一九九四（83年）	甲戌狗	28歲
一九九五（84年）	乙亥豬	27歲
一九九六（85年）	丙子鼠	26歲
一九九七（86年）	丁丑牛	25歲
一九九八（87年）	戊寅虎	24歲
一九九九（88年）	己卯兔	23歲
二〇〇〇（89年）	庚辰龍	22歲
二〇〇一（90年）	辛巳蛇	21歲
二〇〇二（91年）	壬午馬	20歲
二〇〇三（92年）	癸未羊	19歲
二〇〇四（93年）	甲申猴	18歲
二〇〇五（94年）	乙酉雞	17歲

年份	生肖	年齡
二〇〇六（95年）	丙戌狗	16歲
二〇〇七（96年）	丁亥豬	15歲
二〇〇八（97年）	戊子鼠	14歲
二〇〇九（98年）	己丑牛	13歲
二〇一〇（99年）	庚寅虎	12歲
二〇一一（100年）	辛卯兔	11歲
二〇一二（101年）	壬辰龍	10歲
二〇一三（102年）	癸巳蛇	9歲
二〇一四（103年）	甲午馬	8歲
二〇一五（104年）	乙未羊	7歲
二〇一六（105年）	丙申猴	6歲
二〇一七（106年）	丁酉雞	5歲
二〇一八（107年）	戊戌狗	4歲
二〇一九（108年）	己亥豬	3歲
二〇二〇（109年）	庚子鼠	2歲
二〇二一（110年）	辛丑牛	1歲

辛丑年十二生肖整體運勢大解析

整體運勢最佳前三名

❶ 一九九六年（85年）丙子鼠

今年貴人運特別強，可以適時把握貴人的幫助，比較能夠得心應手，所以運勢方面來說十分的旺，整體表現非常有進展，不管是事業或是其他方面都很好。

❷ 一九七七年（66年）丁巳蛇

因今年主貴人，得以帶來財運，雖然也會有小人的影響存在，但因為這個年度的貴人運強，只要謹慎提防小人，保持好自己的步調，許多方面都會有亮眼的成績，是個可以積極努力的年份。

❸ 一九五七年（46年）丁酉雞

今年能夠掌握整體運勢的走向，再加上貴人運旺，在投資方面會有很多好的機會，要善加利用。多充實自己，經營人脈，這樣在各方面都能有好的表現。

整體運勢最差前三名

❶一九五五年（44年）乙未羊

由於逢歲破的緣故，今年會受到一些沖剋，對整體的運勢包括健康、財運等，都會帶來一定的影響，發展上也會覺得有點綁手綁腳。凡事盡量保守，尤其是在投資方面。建議可以到廟裡安太歲、點光明燈，以提升運勢。

❷一九八五年（74年）乙丑牛

今年太歲當頭座，再加上貴人運方面受到一些影響，整體發展會受到壓抑與限制，進而產生一些問題。建議行事低調、謙遜，平常騎車、開車要多加留意，也可以到廟裡安太歲，讓運勢比較平順。

❸一九五四年（43年）甲午馬

整體的運勢比起去年來說有些回落，主要是投資方面可能有狀況，要稍微注意。另外就是怕有問題時想挽救，導致蠟燭兩頭燒，進而影響到身體健康。因此今年要沉潛，不要強出頭，只要保持平穩，對你而言就是好的。

財運最佳前三名

❶一九九六年（85年）丙子鼠

今年貴人運相當強，為你帶來許多的機會與協助，可以說是如魚得水。要好好把握今年，維持良好的人際關係，穩健發展，財運就會跟著提升。

❷一九五七年（46年）丁酉雞

運勢蠻不錯的，尤其貴人運佳，人際關係頗有開展。雖然這個年紀很多人已經退休了，但正好是手裡有錢可以投資的時候，只要謹慎評估，相信獲利會比別人來得多，甚至是在朋友間的談笑場合，都有可能帶來好的機會。

❸一九七七年（66年）丁巳蛇

財運方面非常棒，好好把握會有不錯的回報。但有一點要留意，雖然會有貴人帶來一些收穫，但也可能有小人夾雜其中，影響到成果。因此，如何掌握貴人、避開小人，是今年的重要課題。

財運最差前三名

❶ 一九七九年（68年）己未羊

正沖導致整體運勢比較受到壓制，也連帶影響到財運，各方面都要特別小心與注意。也因為漏財的關係，投資容易事與願違，建議今年不要做大型的投資，盡量保守為宜。

❷ 一九七八年（67年）戊午馬

要預防投資方面的失利，這有可能是因為受到朋友的拖累，或者是本身判斷失誤而導致損失。另外，自己的身體也要小心照顧，以免因相關問題而造成漏財。維持穩定是今年的重要課題。

❸ 一九八五年（74年）乙丑牛

因為犯太歲的關係，整體運勢會受到一些影響，比較沒有辦法施展開來。不過人生的道路上，有時候需要適時休息，今年只要行事稍微低調、保守一點，自然能平安度過。

事業最佳前三名

❶一九九六年（85年）丙子鼠

今年會出現很多貴人，讓你感到左右逢源。雖然每個貴人能幫助的力道不一，但整體來說，像是工作、財運等，都會得到很大的加分，因此要好好掌握，積極努力，將會很容易得到別人的賞識跟注目。

❷一九七七年（66年）丁巳蛇

運勢旺，尤其貴人運最加分，對於財運、事業的幫助也很大，但要注意，周遭難免還是會有小人出現。只要在事情付諸執行前，仔細的思考與判斷，保持好步調，自然就會有好的發展。

❸一九八六年（75年）丙寅虎男性

今年太陽星入宮，男性朋友的事業會有很大的發展，很多方向都能比較容易掌握，是適合衝刺的一年，因此可以好好全心投入工作。桃花方面則稍微注意一下，不要節外生枝影響大局，這樣才能更上一層樓。

事業最差前三名

❶一九八五年（74年）乙丑牛

今年因為太歲的關係，運勢受到一定的影響，事業方面的壓力會比較大些，尤其是上半年，情況更為明顯，必須注意控制情緒，管好脾氣，保持低調、謙遜，避免因衝突而產生更多問題。

❷一九七八年（67年）戊午馬

今年容易出現金錢投資的損失，且有可能會因為工作奔波勞累導致壓力過大，進而影響健康，健康出問題後又影響到工作，造成惡性循環。只要稍微放緩腳步，做事不要那麼緊繃，就能較為平順。

❸一九六四年（53年）甲辰龍男性、一九七四年（63年）甲寅虎女性

甲辰龍男性因為今年太陰星入宮，對男性的發展可能會有一些影響，再加上整體的大運看來，在上半年度比較沒有辦法突破，所以事業方面必須特別小心注意。甲寅虎女性因受到太陽星入宮的關係，整體運勢會受到一些壓制，尤其是上半年度會更明顯，進而影響到整年度的發展，要特別留意。

桃花最佳前三名

❶一九八一年（81年）壬申猴

今年吉星入宮，運勢很不錯，身邊的貴人多，人際關係的開展也不錯，讓你在做事方面倍感順利，也有相當的回報。除此之外，由於桃花運佳，未婚的朋友不妨好好把握機會，或許會遇到不錯的緣分。

❷二〇〇六年（95年）丙戌狗

年紀尚輕，正是衝刺課業的時候。人際關係在今年來說，算是表現得很好，不管是在學業上面，或是在校與老師、同學的互動上、社團聯誼活動等，都有機會得到不錯的開展。

❸一九九八年（87年）戊寅虎男性、二〇〇〇年（89年）庚辰龍女性

這兩個年份的朋友今年貴人運還不錯，記得把握機會，在人際經營上多加努力，將會有一定的成果，甚至有可能帶來好桃花。

桃花最差前三名

❶一九七八年（67年）戊午馬

算是個奔波多勞的年份，會稍微比較辛苦一點，也容易因為桃花方面的問題而導致漏財，所以要小心謹慎，以免出現不必要的損失。尤其已婚者特別要留意，在工作上或交際上要避免觸及一些禁忌。

❷一九八九年（78年）己巳蛇

今年周遭容易出現小人，還會夾雜著漏財的狀況，人際關係或是桃花方面都要特別留意。記住，朋友可以當，但盡量不要有金錢上的往來。

❸一九九八年（87年）戊寅虎女性、一九八八年（77年）戊辰龍男性

今年比較會出現不好的桃花，或是因為感情的問題而產生爭執。未婚的朋友要慎選交往對象，小心經營感情，已婚的朋友則要謹守分際，避免產生不必要的問題。

預防健康問題前三名

❶一九五四年（43年）甲午馬

因為死符星入宮的關係，在健康方面會帶來一些影響，也會因而出現金錢支出，所以今年要多留意健康和財運，建議平時適當的運動、保養，注重飲食，維持身體良好狀態。

❷一九七五年（64年）乙卯兔

今年度喪門星入宮，一些疾病、喪葬方面的事情或場所盡量避免接觸，以防受到影響。健康方面只要維持正常的作息，不要太過辛苦、勞累，稍微注意一下呼吸道方面的狀況，應該就沒有太大的問題。

❸一九八四年（73年）甲子鼠

受到病符星的影響，要特別小心，雖然是衝刺事業的年紀，但是錢要賺，身體也要顧，工作積極表現之餘，也別忘了照顧身體，避免小狀況累積成大問題。適當的休閒，對健康會有較大的加分。

預防血光意外前三名

❶一九四五年（34年）乙酉雞、二〇〇五年（94年）乙酉雞

因為白虎星的關係，這兩個年份出生的朋友要特別注意，無論出入、行走、運動、交通等，都要保護好自己，避免發生跌倒、受傷等狀況，尤其年輕朋友做事情不要毛毛躁躁，行事穩健才能讓一切平安。

❷一九九五年（84年）乙亥豬

今年天狗星入宮，容易出現意外受傷或血光之災的狀況，除了可以到廟裡制天狗外，平時交通方面多加注意，騎車、開車要謹慎小心，不要太過急躁，做事情保持低調，讓負面影響減到最低。

❸一九五五年（44年）乙未羊

適逢歲破，可能會覺得壓力較大，行事有點綁手綁腳，因此容易急躁、衝動。其實只要保持平常心，放輕鬆，管好脾氣，日常生活起居特別小心像是跌倒、滑倒這種意外血光的發生，就可以平順度過。

辛丑年十二生肖流年、流月解析

肖鼠者運勢（14、26、38、50、62、74歲）

本年整體運勢

一掃去年犯太歲的陰霾，屬鼠的朋友今年運勢算是滿不錯的，整體發展會有明顯的改變，最主要是因為有很強的吉星入宮，讓貴人運特別旺，因而能獲得不少幫助，做事情得以左右逢源。不過今年因為有病符星的影響，所以要特別注意身體狀況。我們常說「錢要賺，身體也要顧」。工作上積極表現之餘，也別忘了留意自身健康，避免小狀況累積成大問題。

一九四八年（37年）　戊子鼠　74歲

本年度貴人運強，得力甚多，在許多方面都可能會有人提點，讓運勢加分。但是今年須預防漏財的問題，尤其是因為投資而導致的相關情況，要注意一下，審慎評估再做決定。

一九六〇年（49年）　庚子鼠　62歲

運勢上來說還不錯，是在平順中度過的一年，因為貴人運方面還蠻旺的，能在關鍵時刻得到幫助，讓你的表現更加分。

一九七二年（61年） 壬子鼠 50歲

比起去年，今年的運勢進步不少，尤其財運方面明顯提升，進帳比較順利，再加上做事有貴人幫助，所以整體表現不錯，算是非常旺的一個年份。多加努力，自然有好成績。

一九八四年（73年） 甲子鼠 38歲

延續去年的狀況，不管在工作本身還是外在環境，今年仍然感到壓力比較大些。還好有貴人的幫助，讓你得以稍微喘息。因此，多聽他人意見，紓解壓力，穩定情緒後徐圖發展，是今年的課題。

一九九六年（85年） 丙子鼠 26歲

承接了去年的好運，今年度可說是更上一層樓，是屬鼠裡表現算相對不錯的。整體來說，財運、事業、貴人等方面都很不錯。只要行事上要謹慎，不要自滿，保持謙卑的態度會讓你的狀況更佳。

二〇〇八年（97年） 戊子鼠 14歲

各方面來說都還不錯，貴人運好，人際關係也有拓展，有機會認識一些好朋友。不過今年要預防衝動型消費的情況，買東西前要謹慎評估是否為必要的花費。

每月運勢

（平）**一月運勢：**新春伊始，運勢平順，但因今年有病符星入宮，新年期間切勿暴飲暴食，可至戶外走春，多運動，以保身體健康。

（凶）**二月運勢：**本月運勢不佳，容易有與人口角的機會，宜多忍耐、低調，勿與人爭吵，避免衝突帶來身體上的傷害，因小失大。

（吉）**三月運勢：**本月運勢大好。凡事有貴人助力，財運也不錯，工作上宜多把握，好好努力，會有很不錯的發展。

（平）**四月運勢：**本月運勢平順。沒有太大起伏的月份，只要將手邊的事情按部就班完成，飲食正常，多運動，就不會有太大問題。

（凶）**五月運勢：**本月運勢不佳。凡事不要過於堅持己見，盡量避免衝突，以免產生更多問題。由於壓力大，影響睡眠品質，間接造成健康問題，應多加注意。

（凶）**六月運勢：**本月運勢不佳。易破財、犯小人，也容易遇上棘手的感情問題。如有投資或者感情上的重大決定，宜避開本月份。多行善事，以保平安。

吉 **七月運勢：**本月堪稱年度運勢最旺的月份。凡事都有貴人相助，財運亨通，工作上宜趁此機會好好發揮，如有健康問題，本月份也容易遇到好醫生，應好好把握。

凶 **八月運勢：**本月運勢不佳。壓力破表的月份，重大決定容易破局，健康問題也可能浮上檯面，盡量多花心思照顧身體，凡事皆勿強出頭，以保平安。

平 **九月運勢：**本月運勢持平。留意身心狀況，凡事不要過度操勞，平常心做事即可。趁著秋高氣爽，也可多安排戶外踏青，與家人朋友聯絡感情。

平 **十月運勢：**本月運勢平平。無風無浪的日子，適合進行修整的工作，身體上或是職場上的小問題，都可趁此機會進行改善，會有不錯的效果。

平 **十一月運勢：**本月運勢平順。延續前兩個月的基調，只要工作或生活上不做太大的冒險，基本上就不會有太大問題，可多行善事，累積福德。

平 **十二月運勢：**本月運勢持平。歲末年終，運勢雖沒有太大起伏，但平安就是福。可趁此安閒的時光，做好準備，展望明年。

肖牛者運勢（13、25、37、49、61、73歲）

本年整體運勢

屬牛的朋友今年犯太歲，凡事要多加小心注意，像是騎車、開車或者出入行走等各方面，都要預防血光意外的發生。總的來說，上半年會辛苦一點，下半年後才會逐漸好轉。建議可以到廟裡安太歲和點光明燈，透過一些民俗方式來調整運勢，再加上行事謹慎、低調，自然可保平安。

一九四九年（38年）　己丑牛　73歲

今年度需特別注意避免魯莽行事，不管是投資也好，或者是在其他方面，凡事先思考一下，以免因急躁而造成不必要的損失。有時候可能為了抒發情緒、轉移壓力而衝動消費，這點要特別留意。平常適度運動，保持正向心情，讓身心更健康。

一九六一年（50年）　辛丑牛　61歲

整體而言，上半年度的運勢維持在平穩的狀態，下半年度的壓力會增加一些。今年因為犯太歲的關係，行事上要稍微保守，不用刻意追求太大的發展，只要在平順中求成長即可。

一九七三年（62年）　癸丑牛　49歲

運勢很不錯，算是屬牛裡頭第二好的，容易碰到不錯的機會，但要特別注意，不要做太大的投資與付出，而且錢要賺，身體也要顧。尤其適逢犯太歲的年份，因此出門在外、騎車開車等要多留意。

一九八五年（74年）　乙丑牛　37歲

是屬牛裡頭壓力較大的，尤其是在上半年容易感受到各方面帶來的問題，情緒稍微苦悶了些。建議做事不要毛毛躁躁，要踏踏實實，一步一腳印，保持謙遜低調，自然能逢凶化吉。

一九九七年（86年）　丁丑牛　25歲

是屬牛裡頭運勢最旺的，雖然還是有一點壓力在，但不管是財運、事業運，或是貴人運等方面，都很不錯。不過太歲當頭，還是要小心駛得萬年船，謹慎行事，相信會有更好的成績。

二〇〇九年（98年）　己丑牛　13歲

今年要特別注意情緒方面的管理，在校與人相處多注意言行舉止，讀書、做事情不要過於急躁。另外也要避免衝動消費，而讓自己的財務出現問題，這方面要多加留意。

每月運勢

吉 **一月運勢：**新年初始，運勢暢旺。貴人與財星匯聚的本月，凡事都有滿滿的正能量加持。惟本年度犯太歲，農曆正月十五日前，宜到廟裡安太歲以保平安。

平 **二月運勢：**本月運勢持平，在受到太歲影響的氛圍下，凡事皆須低調保守，有機會多植福，可降低凶星的影響。

凶 **三月運勢：**本月運勢不佳。爭執、口角不斷，一有意見不合就容易擦槍走火。因此，情緒管理、忍讓修為是本月份的重點，以免火氣太旺招致嚴重後果。

吉 **四月運勢：**本月運勢大好，尤其有貴人的助力，凡事都能順暢推進，但因犯太歲的緣故，做大型投資或者重大決定時，仍須謹慎評估。

凶 **五月運勢：**本月運勢不佳。長久以來的感情問題可能浮上檯面，必須嚴肅面對，謹慎處理。此外，也要小心荷包，投資理財皆不宜。

凶 **六月運勢：**本月運勢不佳。火藥味相當濃厚的月份，因意見不合的爭吵難免，挫折感爆表，建議凡事多想一分鐘再反應，將不好的影響降至最低。

吉 **七月運勢：**本月運勢大好。不論外在或內部，都能帶來極大助力，關鍵時刻總有貴人的臨門一腳，重大計畫可在本月啟動，心存善念，則運勢更佳。

吉 **八月運勢：**本月運勢大好。貴人與財星兼具，事業財運兩得意。唯獨承擔更大責任，壓力也不小，多注意身體健康，就能避免問題。

凶 **九月運勢：**本月運勢不佳。壓力較大的一個月份，健康問題仍然是需多加注意，犯小人也是重要課題，凡事須謹慎，勿與人口角，才能防止遭到暗害。

吉 **十月運勢：**本月運勢大好。財運很不錯的這個月份，可以從事理財規畫，有機會遇到貴人來提點而獲利。但因犯太歲的影響仍在，出手時不可輕率。

平 **十一月運勢：**本月運勢平平。不須進行太多的調整或衝刺，平順安適度日，出入小心，多行善事，常保吉祥。

平 **十二月運勢：**本月運勢持平。歲末年終，宜多花心思打點家務，但只能小規模的整頓，過大的裝修、搬動，仍因太歲影響而盡量避免為宜。

肖虎者運勢（12、24、36、48、60、72歲）

本年整體運勢

今年有太陽吉星進到命宮，因此男性朋友在事業、健康、財運等各方面都很好，工作上有貴人幫忙的緣故也加分不少。女性朋友雖然表現沒有像男性朋友那麼亮眼，但整體而言也還算不錯。不過要注意的是，不管男性還是女性，在感情以及人際來往方面都要謹慎處理，拿捏好分寸，以避免發生不必要的問題。

一九五〇年（39年）　庚寅虎　72歲

整體運勢還不錯，平時保養好身體，有空多出門走走，保持愉快的心情，經營好周遭的人際關係，相信是個陽光、健康的一年。

一九六二年（51年）　壬寅虎　60歲

整體運勢來看算是屬虎裡頭第二好的，貴人運旺，發展的機會也多，尤其男性朋友更是加分。而女性朋友除了貴人運方面比較沒有那麼強之外，其他方面都是不錯的。還在衝刺事業的朋友可以掌握好重心跟方向，穩健發展。

一九七四年（63年）　甲寅虎　48歲

在屬虎裡頭算是壓力較大的一位，包括在工作方面和財務方面，尤其是上半年度會比較明顯。而比起男性朋友，女性朋友的壓力可能更大些，會比較辛苦一點。不過還好今年度有貴人幫助，多少能夠舒緩相關的問題。

一九八六年（75年）　丙寅虎　36歲

今年度太陽吉星發威，是屬虎裡頭最旺的。整體來看，由於吉星入宮的關係，不管是在工作、事業，或者是人際關係等各方面，都有好的表現。只要把握機會，好好努力，一定可以看到成績。

一九九八年（87年）　戊寅虎　24歲

本年度比較需要注意漏財的問題，也容易有多勞、變動、不穩定的情況。男性朋友可利用貴人的幫助，獲得比較好的成果，而女性朋友則要多忍耐一些。不管是已經出社會工作，還是仍在求學的朋友，都建議今年心態上還是以學習為主軸，打好基礎，能夠穩定、平順就是福氣。

二〇一〇年（99年）　庚寅虎　12歲

今年整體表現上算是好的，各方面也都比較平穩。正逢求學的年紀，平時快樂學習，顧好課業，閒暇之餘從事適當的休閒運動，相信會是一個有收穫的年份。

每月運勢

平 **一月運勢：**本月運勢持平，但因本年度有吉星入宮，可趁新春假期出遊踏青，能讓運勢更加暢旺。惟女性朋友要注意感情問題，容易有爛桃花產生。

吉 **二月運勢：**本月運勢大好。工作各方面都有貴人的助力，特別是男性朋友更是春風如意，可趁此機會好好努力。

吉 **三月運勢：**本月運勢大好。延續上個月強勢的貴人運，在財運方面也可能有不錯的入帳，如有投資理財的需要，可以把握這個月的強運。

凶 **四月運勢：**本月運勢不佳，人際關係上容易有口角、爭吵發生，甚至因此帶來血光與金錢損失，時時提醒自己，退一步海闊天空。

吉 **五月運勢：**本月運勢大好。與人合夥、合作，都有比較高的機會成功。尤其貴人運很強，順帶拉升財運，宜好好把握。不過壓力也不小，要注意睡眠品質。

凶 **六月運勢：**本月運勢不佳。容易與人有想法上的衝突，也有犯小人的可能。多注意情緒管理，出入行車要專注，否則容易因為情緒問題，而帶來血光之災。

凶

七月運勢：本月運勢不佳。人際關係緊張的月份，與人相處易有爭執一觸即發的可能。還好貴人運轉強，能夠帶來正向助力，加上自身努力就能逢凶化吉。

凶

八月運勢：本月運勢不佳。延續幾個月的高壓，如果沒有好好化解，容易因為心理問題而帶來身體上的問題，平時可多從事紓壓運動，降低傷害。

吉

九月運勢：本月運勢大好。貴人歸隊，財運提升。尤其男性朋友容易受到女性貴人的關愛，因此獲得不少幫助，事業和荷包都能令人滿意。

吉

十月運勢：本月運勢大好。延續上個月的好運勢，宜好好把握，努力衝刺，相信可以帶來不錯的成績。女性朋友則需小心爛桃花糾纏。

平

十一月運勢：本月運勢平平，不過因為有年度吉星加持，雖沒有太大起伏，但行事上仍比其他人更為順暢，可趁著歲末年終，好好再努力。

平

十二月運勢：本月運勢持平。凡事不須太用力，只要按部就班，自然水到渠成。一年將盡，也可趁此機會，經營人際關係，好好感謝貴人的幫助。

肖兔者運勢（23、35、47、59、71、83歲）

本年整體運勢

本年度喪門星入宮，要留意自身的健康，也要注意家人的狀況。盡量避免接觸一些疾病、喪葬相關的事情及場所。生活起居、出門在外、交通等各方面要多加留意、小心。建議可以到廟裡點光明燈，對各方面都會加分。

一九三九年（28年）　己卯兔　83歲

今年要多注意，日常可能會稍有變動、不穩定，健康方面也要特別小心，另外就是盡量避開接觸疾病、喪葬方面的場所。保養好自己的身體，留意生活起居等方面，是本年度重要的課題。

一九五一年（40年）　辛卯兔　71歲

整體運勢屬於比較平穩的狀態，各方面像是人際關係、家庭氣氛等都還不錯。如果還在事業上努力的朋友，可能會稍微感到有些壓力存在，但大方向來說都還算是平順。保持愉快的心情，對健康、運途來說都是好的。

一九六三年（52年）　癸卯兔　59歲

今年可以說是非常好的年份，機會多，表現也亮眼，不過在健康方面要多留意一些，工作之餘要懂得適當休閒，千萬不要積勞成疾，這方面多花一點心思，就不會有什麼太大的問題。

一九七五年（64年）　乙卯兔　47歲

是屬兔中壓力比較大的一個，適逢衝刺事業又要顧及老小的年紀，因此要留意家中長輩的身體狀況，以及子女的出入安全問題。而正因承受的壓力大，容易導致身體出問題，建議在飲食、作息方面多加留意，以減少問題的產生。

一九八七年（76年）　丁卯兔　35歲

運勢在屬兔裡頭算是最好的，雖然外在大環境所帶來的壓力仍不可免，但整體狀況都還不錯，可以掌握全局，努力也會被看見。不過別忘了，在工作之餘也要留意自身與家人的健康。

一九九九年（88年）　己卯兔　23歲

整體看起來尚可，但在工作或求學上會稍微變動，會辛苦一點，但只要努力面對，克服問題，相信成果是還不錯的。

每月運勢

(吉) **一月運勢：**新春伊始，運勢暢旺。因為貴人運與財運都相當不錯，但因今年有喪門星入宮，農曆正月十五前，宜到廟裡點光明燈，以保平安。

(平) **二月運勢：**本月運勢平平。凡事寬心且守，遵照日常行事即可。多花點心思在自己與家人的健康上，凡有病痛，都要謹慎面對，以免小病釀災。

(平) **三月運勢：**本月運勢平平。雖有吉星入宮帶來不錯的財運，但同時也受到凶星的影響，容易有破財的現象產生。因此，有理財規畫可避開本月份再執行。

(平) **四月運勢：**本月運勢平平。可為自己擬定健康計畫，多運動、注意飲食，常保健康。另外要避免前往喪事場合或探病，以降低年度凶星的影響。

(凶) **五月運勢：**本月運勢低落。各方面壓力都很大，一不小心，煩躁的心情就會釀成跟別人的口角、爭執，進而造成健康方面的問題，要記得做好情緒管理。

(凶) **六月運勢：**本月運勢不佳。出外行車都要多一分小心，否則容易帶來血光。另外，雖然小人也不少，所幸貴人運還不錯，能帶來不少助力，降低負面的影響。

吉
七月運勢：本月運勢大好。貴人運與財運爆表，可把握這個機會進行重要的計畫，或在工作上好好表現，都能有很不錯的成果。

凶
八月運勢：本月運勢不佳。很容易感到煩躁，經常會與身邊的人意見不合，因而造成壓力，帶來健康上的問題，控制脾氣與紓解情緒是本月份的重點。

吉
九月運勢：本月運勢大好。如果有想要與人合夥的計畫，或重大的合作案，可以在這個月提案或是執行，比較容易獲得良好進展。

吉
十月運勢：本月運勢大好。貴人運與財運都相當旺，各方面都能春風得意。只要不工作過頭、維持身體健康，避開喪事場合，就能一切順暢。

凶
十一月運勢：本月運勢不佳。容易與人有口角衝突，而女性朋友則要多注意婦科方面的問題，如有病痛一定要盡速就醫，以免小病變大病。

平
十二月運勢：本月運勢平平。歲末年終，可多花點心思關照家人，身心平安，自然一切順利。也可多行善積德，為自己與家人累積福德。

肖龍者運勢

（22、34、46、58、70、82歲）

本年整體運勢

今年太陰星進入命宮，整體而言屬龍的女性朋友運勢會比較旺，不管是在事業、工作、財運等各方面來說，都會有不錯的加分與助力，也會有比較多機會與成果。相對來說，男性朋友的壓力就稍微大一點點，容易碰到瓶頸或者是狀況比較多，要多花點時間去經營、突破。

一九四〇年（29年）　庚辰龍　82歲

運勢來說，女性朋友的表現還不錯，人際關係的開展也很好，而男性朋友則是在健康方面可能會有些許問題，要多加注意。

一九五二年（41年）　壬辰龍　70歲

整體而言是屬龍裡頭運勢不錯的，尤其女性朋友更是良好。在這個已經退休的年紀，只要顧好自己的身體，跟親人、朋友維持良好的關係，自然能過得健康快樂。

一九六四年（53年）　甲辰龍　58歲

女性朋友因為太陰星入宮的關係，整體的運勢還可以，但男性朋友或許就會覺得壓力大了些，尤其是在上半年度，由於大環境的影響，所造成的問題特別明顯，下半年度則要避免在工作場合、人際交往方面產生爭執，這點要特別注意。

一九七六年（65年）　丙辰龍　46歲

本年度在屬龍裡頭算是運勢最好的，特別是女性朋友，各方面都容易有亮眼的成績，也能夠掌握貴人運和有利的機會，成果出色。男性朋友也能維持在中上的表現，整體來說算是不錯的一年。

一九八八年（77年）　戊辰龍　34歲

今年可能會奔波勞累、比較辛苦，甚至出現漏財的情況。以男性朋友來說，要特別留意人際關係，盡量在工作、與人來往方面，不要產生爭執，這點要多提醒自己。而女性朋友則需稍微注意，避免因衝動消費而導致破財即可。

二〇〇〇年（89年）　庚辰龍　22歲

整體的表現算平順，女性朋友能在穩定的狀態中求發展，會有一定的表現。男性朋友雖然運勢的助力沒有女性多，但靠自己努力，依舊有機會看到好的成績。

每月運勢

吉 **一月運勢：**本月運勢大好。財務方面能有不錯的進帳，尤其是女性朋友，因年度吉星高照，各方面都能有很好的表現。趁著新春期間去走春，對運勢會有加分。

平 **二月運勢：**本月運勢平平。雖然有吉星降臨，也有凶星的影響存在。財運方面可能有不錯的表現，但也可能會有大筆開銷。另外感情也是特別需要注意的面向，一定要好好應對。

凶 **三月運勢：**本月運勢不佳，是容易爭執不斷，與人一言不合的月份。但因整體年運是很不錯的，所以只要情緒控制得宜，就不會有太大問題。

平 **四月運勢：**本月運勢平平。受到年度吉星入宮的影響，女性朋友的運勢依然在水準之上，男性朋友就壓力會大一些，做事容易卡關，要拿出耐心來克服。

凶 **五月運勢：**本月運勢不佳。可能會因為工作繁忙，而讓生活中充滿壓力，睡眠的品質也會因此降低，可運動或安排旅行來紓解壓力。

凶 **六月運勢：**本月運勢不佳。各方面都要留意小人環伺，工作上有可能會受到背叛，行事須謹慎。外出也要多留心，否則也容易引來血光之災。

吉

七月運勢：本月運勢大好，堪稱年度之最。各方面都會受到貴人的關照，適時提供助力，如果能好好把握，連同財運也都會有很亮眼的表現。

吉

八月運勢：本月運勢大好。與人如有合夥、合作，都能獲得不錯的成效。只是壓力也不小，要特別注意身體健康的問題，切勿輕忽病痛。

凶

九月運勢：本月運勢不佳。行事作風像個火爆浪子，也容易遇到脾氣很大的對象，衝突、口角一觸即發，記得時時提醒自己，退一步保安康。

平

十月運勢：本月運勢平平。前幾個月的高低起伏，到本月份可以獲得喘息。可趁著本月份給自己一段安靜的時光，調整好步伐，迎接下一波的挑戰。

吉

十一月運勢：本月運勢大好。吉星入宮，帶來很不錯的機運，尤其女性朋友更是暢旺，有可能升官加薪，要把握機會好好努力。

凶

十二月運勢：本月運勢不佳。如有與人合夥的情事，都要小心處理，否則會有破局的可能，內部合作也可能會爭執不斷，記得拿出智慧來處理與面對。

肖蛇者運勢

（21、33、45、57、69、81歲）

本年整體運勢

運勢非常好，會有不錯的貴人運，能帶來發展的機會和財運，但要注意的是，今年度周遭可能會出現一些小人，甚至是與貴人同時出現，讓人不好分辨。民間說「閻王好惹，小鬼難纏」，因此凡事謹慎、做好查證，確實掌握相關資訊，慎防遭到小人或小道消息誤導，而做出錯誤的決定，才會有好的展現。

一九四一年（30年）　辛巳蛇　81歲

運勢持平的狀態，健康的問題也不大，但周遭可能會有一、兩個小人及流言蜚語，企圖影響你的心情，產生無謂紛爭。建議保持平常心面對，毋須特別在意。

一九五三年（42年）　癸巳蛇　69歲

整體來說蠻不錯的，貴人運旺，也有機會獲得好的人脈。雖然外頭難免有些人會說三道四，但只要掌控好自己的步調，不受無意義的閒言閒語而導致情緒波動，自然運勢順暢。

一九六五年（54年）　乙巳蛇　57歲

貴人運很旺，不管在財運、健康、事業、桃花等各方面都會有所助益，但因為今年五鬼的影響比較大，必須留意人際關係中的細節，或者是在面對一些問題時要小心處理。看待事情學習保持平常心，降低情緒起伏，避免遭到小人的操弄，才能讓好的運勢展現。

一九七七年（66年）　丁巳蛇　45歲

是屬蛇裡頭運勢最旺的一個，尤其是貴人運方面更是加分，雖然偶爾會有小人出現，但只要細心面對，不要輕易受到影響，整體表現就會好。

一九八九年（78年）　己巳蛇　33歲

今年處於比較勞苦奔波的狀態，雖然有貴人運，也能帶來財運，但相對的小人也比較多，需要特別注意。常言道魔鬼藏在細節中，如果不謹慎預防小人，恐怕事倍功半，導致辛辛苦苦卻賺不到什麼錢的情況。

二〇〇一年（90年）　辛巳蛇　21歲

是在持平中求發展的年份，正值活力十足的年紀，今年會有貴人幫忙，發展的機會多，因此不管是在學業上或是工作上，好好把握，努力踏實，細心處理，避免小人扯後腿，自然會有好的收穫。

每月運勢

凶 **一月運勢：**本月運勢不佳。受到凶星的影響，要特別注意勿輕信他人言，進而造成感情與金錢上的損失。農曆正月十五日前，可至廟裡制五鬼，以降低影響。

平 **二月運勢：**本月運勢平平。不論聽到各種好壞消息，都要仔細判斷、查證，再做決定，否則可能會因為聽信錯誤消息而帶來損失。

平 **三月運勢：**本月運勢平平。運勢沒有太大起伏的月份，可利用時間多行善事。工作或投資上，要仔細判別小人或是貴人，不要魯莽行事，就能平安。

平 **四月運勢：**本月運勢平平。趁這段相對無風浪的日子，可以安排旅遊或運動。但因為年運的影響，不論是購物、制定行程等，都需要多留心，貨比三家不吃虧。

平 **五月運勢：**本月運勢吉帶凶。有貴人運，可以為你帶來不錯的財運，做起事情較為順暢。但生活與工作上的壓力也不小，可能會引起睡眠問題，多加留意。

凶 **六月運勢：**本月運勢不佳。雖然仍有不錯的貴人運，但小人更加強勢，再加上年運的影響，一定要仔細過濾訊息，小心判別小人或貴人，降低不良的影響。

平

七月運勢：本月運勢吉帶凶。擁有堪稱本年度最強的貴人運，財運也非常不錯，但火氣也不小，口角衝突不斷，可能帶來合作破局的損失，要謹慎防範。

平

八月運勢：本月運勢平平。各方面都感到一些壓力，還有小人問題，讓人相當煩躁。但幸好貴人運不錯會帶來助力，凡事冷靜以對，就能平順。

平

九月運勢：本月運勢平平。相對而言無較大起伏的本月，心情上也可以比較放鬆，只要不隨便聽信謠言，妄下判斷，就能獲得平順時光。

凶

十月運勢：本月運勢不佳，可能會有受到小人煽動，而與人衝突不少的情況，一定要多加留意，判別是非，否則有可能會連帶影響到健康問題，不可不慎。

平

十一月運勢：本月運勢平平。適合聯絡感情的月份，可多花時間與家人、朋友相處。如有健康上的問題，也可趁此機會好好正視與處理。

吉

十二月運勢：本月運勢大好，貴人運相當不錯，做起事情不再綁手綁腳，也能有效阻擋小人，應好好把握本月的強運，有機會收穫不錯年終。

肖馬者運勢
（20、32、44、56、68、80歲）

本年整體運勢

相對於去年，屬馬的朋友在本年度的運勢有所好轉，但還是要特別小心兩件事，首先是今年死符星入宮，要留意有關身體健康的問題，尤其是下半年會漸漸明顯，呼吸系統方面可能也會受到一些影響。第二是金錢投資方面雖然出現一些機會，但今年其實並不適合投資，因為比較容易出現錢財的損失，需要多加注意。

一九四二年（31年）　壬午馬　80歲

運勢看起來蠻不錯的，不過因為今年有影響健康的星入宮，所以要多注意自己的身體，有狀況要積極處理，平時適度活動，注意保養，保持心情愉快，就不會有太大問題。

一九五四年（43年）　甲午馬　68歲

相較於去年，今年整體運勢有所回穩。要多留意財運和健康相關的問題，建議平時多運動、保養，注重飲食，有空時走走，設法維持好的狀態。

一九六六年（55年）　丙午馬　56歲

是屬馬裡頭運勢最旺的，整體壓力也比去年減輕許多，各方面都會有好的展現。不過要注意的是，今年度不適合從事投資相關的活動，以免造成損財。此外，健康方面也要稍微留意，工作之餘要懂得休閒，才能走得長遠。

一九七八年（67年）　戊午馬　44歲

今年會比較辛苦，是個奔波多勞的年份。要特別注意不適合投資，尤其是大型的案子，恐落得辛苦半天卻毫無所獲的狀況。再來就是勞累的關係，健康方面也會受到影響，這兩個部分要多加留意。

一九九〇年（79年）　庚午馬　32歲

運勢看起來還不錯，應該也會有好的表現，不過死符星入宮，需要留意健康方面的問題，另外就是可能因衝動消費或大型投資而造成漏財，在這方面必須要特別小心處理，避免無謂的損失。

二〇〇二年（91年）　壬午馬　20歲

整體表現不錯，有活力又能積極努力。不管是在求學還是職場，雖然短時間內沒辦法取得很大的成果，但只要保持良好的學習心態，步調穩健不衝動，打好基礎，對於未來還是很有幫助。只要平時身體狀況多注意，應該就沒太大的問題。

每月運勢

吉
一月運勢：本月運勢大好。開春時節，迎來好運勢，可以好好努力，能為自己帶來不錯的財運。不過因為今年不適合投資，理財方面要再更謹慎小心。

平
二月運勢：本月運勢吉帶凶。會出現一些不錯的合作機會，可以好好把握。過程中需要多注意自己的情緒，否則有可能會因為與人爭執而導致好機會破局。

平
三月運勢：本月運勢平平，是個適合進行健康管理的月份。本年度因受年運影響，要多花心思照顧自己與家人的健康，特別是呼吸道方面的問題，多加小心。

吉
四月運勢：本月運勢大好。行事上不僅比平常順暢許多，在重要時刻都會有貴人挺身而出，提供助力。可以把握這個好運的月份，努力衝刺一波。

凶
五月運勢：本月運勢不佳，是容易與人產生口角的月份，各方面的壓力都不小。做好情緒管控，凡事不需爭個你死我活，就能降低影響。女性要注意婦科問題。

平
六月運勢：本月運勢吉帶凶。因受到貴人助力，可以有不錯的發展。但也要留心小人暗害。此外，出入行車都要特別謹慎，以免血光之災。

吉 **七月運勢：**本月運勢大好。強勢的貴人運，只要多加努力，各方面都有不錯的表現與斬獲。唯獨投資部分，要保守評估，以免誤判情勢帶來損失。

凶 **八月運勢：**本月運勢不佳，容易因為壓力而帶來健康上的問題，如有病痛一定要盡快就醫，以免小病不處理釀成大病，傷身又損財。

吉 **九月運勢：**本月運勢大好，財運不錯，只要保守理財，荷包就有機會獲得不錯的進帳。但如果作冒險性投資，反而有可能破財，要多加注意。

平 **十月運勢：**本月運勢平平。可適時放慢腳步，平常心看待日常中的各種面向，按部就班處理，就能平順度日。有機會多累積福德，能讓運勢更順暢。

凶 **十一月運勢：**本月運勢不佳，尤其在溝通方面會常常卡關，容易遇到想法觀念天差地別的夥伴，多花些耐心去理解與溝通，太過強勢或主觀會造成意外損失。

凶 **十二月運勢：**本月運勢不佳，尤其是要多注意感情方面的問題。務必要多用心經營，遇到問題謹慎處理，以避免帶來健康與金錢上的損失。

肖羊者運勢

（19、31、43、55、67、79歲）

本年整體運勢

屬羊的朋友適逢歲破，凡事都必須要小心，除了要提防血光、意外，也需留意金錢動向。因此，今年不要做太大的變動與投資，日常起居、出門在外都要注意。平時做任何事情，都不要過於急躁、激進，想要馬上看到什麼成果。民間建議正月十五前到廟裡安太歲，對於運勢有加分的效果。

一九四三年（32年）　癸未羊　79歲

雖然逢歲破，但整體運勢還算不錯，也能掌握局面，沒有太劇烈的變化。只要身體方面多注意，平常適當運動，外出交通、行走方面多留意，自然諸事大吉。

一九五五年（44年）　乙未羊　67歲

是屬羊裡頭受到歲破影響最大的，發展方面受到限制，會覺得壓力比較大，很難突破，做起事來有點綁手綁腳的。但只要保持平常心，不急躁，管好自己的脾氣，放輕鬆，一切自然就會比較平順。

一九六七年（56年）　丁未羊　55歲

是這個年度裡屬羊運勢最好的，整體來說會有非常亮眼的成績，人際、財運等方面比較旺，也能把握機會，讓事業有所進展。如果能到廟裡頭安太歲，點光明燈，強化運勢，表現將會更好。

一九七九年（68年）　己未羊　43歲

今年容易出現漏財的情況，不太適合做大型的投資，也要預防衝動型消費。此外，跟別人的想法觀念有時會有一些衝突與出入，容易做事辛勞，看不到什麼成果，這是要多加小心的部分。

一九九一年（80年）　辛未羊　31歲

算是平順的一年，整體來說只要冷靜面對，多聽多看不急躁，不要有太劇烈的改變，凡事多加小心注意，就能夠保持一定的成果。可以的話，到廟裡安太歲、點光明燈，就能提升自身運勢。

二〇〇三年（92年）　癸未羊　19歲

整體運勢不錯，不過因為歲破的關係，平常與人相處宜保持低調，避免發生衝突，出入交通等方面多留意，避免急躁，安全第一，自然就沒有太大問題。

每月運勢

平 **一月運勢：**本月運勢平平。因為本年度有歲破的影響，出入行車都要小心，以免血光之災。農曆正月十五日前，宜至廟裡安太歲保平安。

吉 **二月運勢：**本月運勢大好。貴人入宮，能帶來不錯的財運。但理財投資還是須謹慎，因受年運影響，容易有破財的可能。

平 **三月運勢：**本月運勢平平。凡事低調保守，不要強出頭，各種冒險的行事今年都不宜，多留意自身安全，小心謹慎就能平順。

吉 **四月運勢：**本月運勢大好，貴人運不錯，在工作上能帶來許多助力，可好好把握這段時間，努力衝刺，將會有不錯的成果。

吉 **五月運勢：**本月運勢大好，貴人運比起上個月更加強勢，財運也跟著有不錯的提升。但注意不要衝過頭，過多的壓力也可能會造成身體問題，務必謹記。

凶 **六月運勢：**本月運勢不佳。各方面容易遇到小人來破壞，想法也常與人有出入。凡事冷靜以對，不要衝動行事，否則容易帶來血光意外。

吉 **七月運勢：**本月運勢大好。行事上有如神助，各方面都很順暢，人際關係也暢旺，能帶來不錯的心情。出入仍需多留心，以免得意忘形，造成傷害。

凶 **八月運勢：**本月運勢不佳。生活、工作上的壓力不小，連帶的心情也容易感到煩躁，進而產生健康上的問題，要多花心思關照自己的身體。

凶 **九月運勢：**本月運勢不佳，容易變成火爆浪子，經常得面對許多衝突場合，遇到的對象也多半話不投機。切記時時保持冷靜，以免衝突帶來的血光傷害。

吉 **十月運勢：**本月運勢大好。貴人現身，許多難解的問題可望獲得圓滿處理。這個月也是財運相對強勢的月份，但受年運影響仍有破財陰影，應謹慎理財。

凶 **十一月運勢：**本月運勢不佳，尤其要特別好好面對人際關係與感情問題，否則有可能因為這方面的事情帶來金錢上的損失，甚至血光意外。

凶 **十二月運勢：**本月運勢不佳。歲末年終，諸事煩躁，很容易因為一時衝動與人發生爭執，小則合作破局、破財，大則導致血光意外，不得不慎。

肖猴者運勢（18、30、42、54、66、78歲）

本年整體運勢

龍德福星在今年入宮，整體運勢非常旺，貴人運特別強，容易有好的發展機會，雖然整體外在環境可能會有壓力，不過相對來說，在這個年份的表現算是相當不錯的。記得不要做太大的投資跟變動，按部就班，穩紮穩打，就會有好的成果。

一九四四年（33年）　甲申猴　78歲

今年吉星降臨，整體運勢還不錯，上半年度壓力可能稍微大一點，會辛苦一些，但只要站穩腳步，不莽莽撞撞，日子自然平順安康。

一九五六年（45年）　丙申猴　66歲

在屬猴裡頭運勢算是最好的，人際關係方面會得到發展機會，進而認識一些好朋友。不過因為外在環境的關係，今年並不適合做太大的投資，也不要做太大的變動。其他方面稍微留心注意一下，就沒有什麼太大的問題。

一九六八年（57年） 戊申猴 54歲

對你而言今年或許是個勞累奔波的年份，但努力過後將能得到正面的迴響。另外要特別注意，本年度年不適合做投資，也許會在周遭聽到一些相關消息，但建議保守一些，務必謹記。

一九八〇年（69年） 庚申猴 42歲

今年吉星入宮，整體表現來說還蠻不錯的，有一些機會可以發展，再加上貴人比較多，努力付出後容易得到別人的認可，是個可以衝刺的年份。

一九九二年（81年） 壬申猴 30歲

運勢看起來蠻好的，身邊的貴人也多，在做事方面會比較順心，也能夠有相當的回報，不妨利用這一年積極衝刺。

二〇〇四年（93年） 甲申猴 18歲

正值學習的年紀，可以好好在課業方面努力，除此之外，今年在拓展人際方面的成果也很不錯，可以認識一些好朋友。不過記得避免衝動型的花費，造成金錢損失，這方面注意一下，就沒有太大的問題。

每月運勢

凶 **一月運勢：**本月運勢不佳。因為凶星入宮的影響，人際關係容易出現衝突、意見不合的現象。所幸年運極佳，只要低調保守，就能化解不良的影響。

平 **二月運勢：**本月運勢平平，但因為年度運勢暢旺，只要按部就班的行事，就能有還不錯的表現，心情上也比較容易感到舒爽。

吉 **三月運勢：**本月運勢大好。貴人降臨，帶來很不錯的財運，舉凡重要合作案或計畫案，可多加利用這段時間開展，能有不錯的成果。

平 **四月運勢：**本月運勢吉帶凶。合作方面的人際溝通要多注意，尤其要做好情緒管理，以免破局。不過因為貴人運不錯，只要行事得宜，就能降低負面影響。

凶 **五月運勢：**本月運勢不佳，健康方面尤其需要多加注意。努力工作之餘，也要找到緩解情緒的解方，以適時釋放壓力，維持身心平衡。

凶 **六月運勢：**本月運勢不佳。與人合作方面要多留一份心，慎防遭受背叛或者小人暗害，出入行車也要謹慎，否則容易有血光問題。

吉

七月運勢：本月運勢大好。事務的推動上容易獲得助力，各種合作、計畫的開啟，可望獲致成功。只要不冒進，就能維持好運帶來的成果。

平

八月運勢：本月運勢吉帶凶。貴人運不錯，但小人也當道。拉扯之間會造成不小壓力，讓人煩躁不已。行事宜盡量低調，如此就能安然度過。

吉

九月運勢：本月運勢大好。貴人運當道，小人退散。一改先前綁手綁腳的行事困境，本月宜好好把握，可望能一顯身手，大有斬獲。

凶

十月運勢：本月運勢不佳，尤其金錢方面要特別注意，一不小心就可能會破財。貿然投資、衝動購物都要避免，以免因小失大。

吉

十一月運勢：本月運勢大好。財運有很大的提升，也有貴人會為你帶來賺錢的機會，荷包因此有不錯的斬獲。但仍須謹慎理財，才能獲得最多好運。

平

十二月運勢：本月運勢平平。沒有高低起伏的狀況，再加上年運的加持，行事相對順暢，雖少有驚喜，但平順度日就是福。

肖雞者運勢

（17、29、41、53、65、77歲）

本年整體運勢

本年度白虎星入宮，凡事要留意血光意外的發生，無論是騎車、開車，或在工作場合、運動、活動等，都要特別小心。建議可以在正月十五前到廟裡制白虎、點光明燈，盡量讓諸事順利。但今年同時也有吉星降臨，所以在財運、貴人運方面算是不錯，切記只要行事穩健不莽撞，自然能逢凶化吉。

一九四五年（34年）　乙酉雞　77歲

今年要特別注意，無論是出入、行走、運動等，都要保護好自己，小心跌倒或受傷的狀況發生。保持積極樂觀的心態，也要記得在正月十五前到廟裡制白虎、點光明燈，讓一切平安。

一九五七年（46年）　丁酉雞　65歲

運勢在屬雞裡頭算是最旺的，尤其貴人運佳，人際關係頗有進展。在這個年度裡，可以常出門走走，參加一些交際活動，多認識新朋友，經營人脈，對於各項發展都有好的助益。

一九六九年（58年） 己酉雞 53歲

今年比較辛苦，壓力會大一些，需要勞累奔波，但還好只要付出努力，就會有相對的回報。不過出門在外，交通方面不管騎車、開車，都要稍微留意，平安就是福。懂得趨吉避凶，就可以避免問題的產生。

一九八一年（70年） 辛酉雞 41歲

運勢相對持平穩定，有好的貴人運，人際關係的拓展也不錯，做事方面會帶給你助力，算是穩健中求成長的一年。出門在外多加注意，把不好的影響降到最低，這樣在各方面就比較會比較順利。

一九九三年（82年） 癸酉雞 29歲

整體運勢蠻不錯的，許多方面的表現都算是好的，機會也比較多。如果本身懂得努力，再加上週遭貴人的幫助，自然會有亮眼的成果，能受到眾人的賞識。記得要好好把握，今年是個值得積極努力付出的一年。

二〇〇五年（94年） 乙酉雞 17歲

課業方面看起來還不錯，成績也會受到肯定，但要留意的是，發生意外的機會可能稍微大些。記得平時活動、運動、騎車時要小心，避免因碰撞而導致受傷。

每月運勢

平 **一月運勢：**本月運勢平平。因年度凶星影響，出入行車都要特別小心，血光意外的機率高。建議農曆正月十五日前至廟裡制白虎，以保平安。

凶 **二月運勢：**本月運勢不佳。人際之間溝通不良，合作對象想法觀念兜不攏，容易擦槍走火，引發衝突。記得冷靜思考，能忍處盡量忍讓，以避免血光意外。

吉 **三月運勢：**本月運勢大好。貴人現身，在關鍵處都能施予助力，行事上游刃有餘，成果也堪稱豐碩。但出入能要小心，以避免傷害。

吉 **四月運勢：**本月運勢大好，貴人運更勝上個月份，且在財運方面的助力更大，可望獲得不錯的賺錢機會。但因年運不佳，凡事仍需保守進行。

凶 **五月運勢：**本月運勢不佳。工作、生活上的壓力不小，可能因睡眠不足，精神不集中，導致出入的各種意外，不得不慎防。

凶 **六月運勢：**本月運勢不佳，是容易產生血光意外的月份，一定要特別謹慎，有空可以多到廟裡祈福，行車、刀火使用都要非常小心。

(吉) **七月運勢：**本月堪稱年度運勢之最。貴人運非常暢旺，各方面都能受到正向助力，心想事成。舉凡有各種計畫與合作，都可在本月份開展，能有不錯成果。

(凶) **八月運勢：**本月運勢不佳。工作繁忙帶來的壓力，如果沒有得到適當紓解，不僅會帶來口角衝突、也會影響健康，更容易讓小人趁虛而入，應謹慎應對。

(平) **九月運勢：**本月運勢吉帶凶。雖然做事方面會獲得助力，但財運上卻有破財的可能，投資理財須謹慎，外出行車也要小心，以免血光之災帶來金錢損失。

(平) **十月運勢：**本月運勢平平。相對保守的月份，宜放緩腳步，眼光放在生活與工作的細節處理，事情平穩就是最好的進展。

(凶) **十一月運勢：**本月運勢不佳。意見不合成為家常便飯，考驗耐心與智慧，做決定前都需三思，以免破財又帶來身體損傷，人財兩失。

(吉) **十二月運勢：**本月運勢大好。財運有大幅提升的跡象，如果把握機會多加努力，在貴人的幫助之下，可望斬獲不錯的年終，快樂過好年。

肖狗者運勢
（16、28、40、52、64、76歲）

本年整體運勢

今年整體運勢不錯，有很多好的機會，也容易有貴人輔助，讓做事更加順利。雖然說看起來比較順遂，但行事方面還是要懂得穩健、低調，心態上要謙卑，不要因為一點小事就與人爭執。注意這些細節，才會有好的成果。

一九四六年（35年）　丙戌狗　76歲

今年狀況很好，健康方面沒有太大的問題產生，也可以在審慎評估後從事一些投資。平常生活步調只要不要大伏變動，應該就沒有問題。

一九五八年（47年）　戊戌狗　64歲

整體運勢還不錯，但投資理財方面要注意一下，不要盲目、衝動行事，或者是因為自己的粗心大意，導致金錢方面的損失。另外，如果碰到不同的意見與批評，不妨靜下心來聆聽，避免無謂爭執，讓事情圓滿順利。

一九七〇年（59年）　庚戌狗　52歲

福德吉星入宮，整體表現屬於平穩中求進步，也許會有一些外在的壓力，人際方面也可能稍有爭執的情形，建議耐住性子，行事謹慎穩健，還是會有好的成果。

一九八二年（71年）　壬戌狗　40歲

整體來說，在屬狗裡工作方面運勢是最旺的，有很多表現的機會，只要兼顧好人際關係的經營，避免產生摩擦，就可以好好拓展事業。

一九九四年（83年）　甲戌狗　28歲

今年主要的課題就是要提升自我的穩定性，行事不要毛毛躁躁，避免與他人產生口角，進而影響到人際關係。所謂和氣生財，這方面注意一下，運勢才會更加提升。

二〇〇六年（95年）　丙戌狗　16歲

今年運勢在屬狗裡頭是表現最好的，不管是課業的學習，或者是在校與老師、同學的互動，都很不錯，要好好加油。

每月運勢

吉 **一月運勢：**本月運勢大好。吉星入宮，運勢相當暢旺。財運亨通，可望收穫不少紅包，荷包滿滿。年假期間，也可到廟裡敬拜，累積福德，運勢更佳。

吉 **二月運勢：**本月運勢大好，適合與人展開合作，也有機會遇到不錯的對象展開合夥關係。在貴人的助力下，各方面都有好的進展。

凶 **三月運勢：**本月運勢不佳。一反上個月的強運，容易與合作對象有溝通上的障礙，想法觀念不同是最大問題，要好好磨合，拿出耐心多溝通。

平 **四月運勢：**本月運勢平平。因年度吉星的助力，只要平順作事，不冒險躁進，不強出頭，事情就會有所進展，也不會產生太大問題。

平 **五月運勢：**本月運勢吉帶凶。貴人運跟財運都不錯，可以努力在工作上發揮，但另一方面需要多留心健康問題，小病不可輕忽，以免釀成不可收拾的大病。

凶 **六月運勢：**本月運勢不佳，堪稱年度運勢最低迷的一段時間，小人影響甚烈，可能會不斷與人口角爭執，容易遭人背叛，甚至帶來血光之災，必須低調忍讓，以保平安。

吉 **七月運勢：**本月運勢大好。如同坐雲霄飛車般，歷經上個月的谷底，本月份運勢驟然上升到頂峰，貴人會帶來極大的助力，棘手的事情都可望迎刃而解。

平 **八月運勢：**本月運勢吉帶凶。貴人運仍然是站在你這邊，但背後看不見的小人也帶來不小的壓力，凡是需小心研判，冷靜處理，以免煩躁誤事。

凶 **九月運勢：**本月運勢不佳。感情方面積累很久的問題可能浮上檯面，要認真嚴肅以待，才能長長久久的維繫，否則不僅傷感情，連帶荷包也會失血。

平 **十月運勢：**本月運勢平平，可以鬆口氣，在平順的日子裡調整自己的步伐，能有餘裕檢視生活與健康，如有問題就盡速做出調整。

平 **十一月運勢：**本月運勢平平。可多安排紓壓的行程，調整身心。或者參與一些行善的活動，積累福德，讓運勢更順暢。

凶 **十二月運勢：**本月運勢不佳。女性朋友尤其需要特別注意婦科問題。另外也有漏財的可能，凡事盡量保守低調，避免爭執，就能安然度過。

肖豬者運勢

（15、27、39、51、63、75歲）

本年整體運勢

屬豬的朋友今年度整體運勢算是平穩，但因為有天狗星入宮的關係，要特別注意像是受傷、車禍、意外、血光等狀況，因此外出或是騎車、開車，工作的場合等都要多加留意。民間說法天狗星屬凶星，建議正月十五前到廟裡制天狗，以減低不好的影響。除此之外，整體而言還算不錯。

一九四七年（36年）　丁亥豬　75歲

今年運勢算屬豬裡最好的，雖然看起來四平八穩，沒有太大的發展，但以退休的年紀來說，能夠平安就是福。外出旅遊、行車等稍微多注意，或是到廟裡制天狗，自然就平平順順。

一九五九年（48年）　己亥豬　63歲

整體運勢來說，除了天狗星的影響外，要小心今年容易出現漏財的情況，所以要特別注意兩件事情，第一個是盡量避免投資，第二個是要克制自己衝動型的花費，凡事衡量一下再做決定，保守因應以免漏財，甚至導致更大的問題。

一九七一年（60年）　辛亥豬　51歲

今年運勢算是比較平穩的狀態，大方向來說還可以，沒有太大的起伏與變化，記得要穩定情緒，避免暴躁，凡事謹慎以對，設法在平穩中求成長。

一九八三年（72年）　癸亥豬　39歲

整體運勢算是屬豬裡頭第二好的，會有貴人的幫助，讓你在財運上有好的機會。工作上注意小細節，避免失誤，出門在外，騎車、開車的時候務必小心。除此之外，其餘方面都還不錯。

一九九五年（84年）　乙亥豬　27歲

在屬豬中算是壓力比較大的，工作方面可能會受到一些影響。正值青壯年，容易急躁、衝動，建議要調整心態，凡事按部就班。正月十五前到廟裡制天狗，平時多加小心，讓運勢更平穩、順暢。

二〇〇七年（96年）　丁亥豬　15歲

整體來說很不錯，不管是課業或是人際關係都很好。把握今年，好好加油，平時運動、休閒稍微留意一下，注意安全，就能順心如意。

每月運勢

平

一月運勢：本月運勢吉帶凶。雖然貴人運不錯，但受到凶星影響，容易與人有爭執、口角。又逢年運不佳，要多忍讓，農曆正月十五日前宜到廟裡制天狗。

吉

二月運勢：本月運勢大好。貴人運更勝上個月份，並且可望帶來不錯的財運，開心之餘也不要得意忘形。受年運影響，仍須慎防血光意外。

平

三月運勢：本月運勢平平。各方面穩紮穩打即可，不適合高調行事。外出或者使用刀械時，都要十分小心，以免受傷。

凶

四月運勢：本月運勢不佳。容易與人互看不順眼就演變而衝突場面，小則口角、大則可能全武行，屆時自己容易吃虧、發生血光問題，記得好好控制情緒。

凶

五月運勢：本月運勢不佳。壓力排山倒海而來，各方面都被壓得喘不過氣，甚至可能因此分心，導致走路、行車方面的意外，宜尋找紓壓管道，降低傷害。

平

六月運勢：本月運勢吉帶凶。貴人運和財運都相當不錯，但與人的衝突也不少，雖然大都能獲得貴人相助而化解，但仍須特別留意受傷、意外等情事。

平

七月運勢：本月運勢吉帶凶。貴人依然是你強大的靠山，但財運卻不太好，有破財的可能，貿然投資、衝動購物都要避免，出入一樣要小心。

凶

八月運勢：本月運勢不佳。健康方面尤其需要特別注意，平常如果身體有小毛病，很容易浮上檯面變成讓人不得不正視的問題，切勿輕忽。

平

九月運勢：本月運勢平平。可多花時間處理家務或是與家人相處，交流情感也會為身心帶來不錯的療癒效果。

凶

十月運勢：本月運勢不佳。想開展的計畫或者工作，容易有始無終。也容易深陷在短期目標裡，產生見樹不見林、思慮不周的狀況。宜廣納建言，開放胸襟。

吉

十一月運勢：本月運勢大好。各方貴人匯聚，提供豐沛資源、搬開絆腳石，宜把握機會好好表現，能有不錯的收穫。

吉

十二月運勢：本月運勢大好。財運亨通的本月份，在強勢貴人運的運作之下，能帶來不錯的獲利，也可望得到很不錯的年終。

二

開運農民曆

如何看懂農民曆

「農民曆」是台灣民間流通最普及的曆書，過去人們依照農民曆的時序原則進行農事，也以農民曆中的「行事宜忌」、「每日吉凶」作為日常行事的準則。

農民曆的由來已久，早期為了配合農業社會的行事，中國歷代都會由官方根據觀測天文運行的結果，統一頒訂曆法，作為農事作息的主要依據，稱做「官曆」。而各朝的曆法編制有所不同，現今使用的陰曆最早可以追溯到夏朝時期，經過了不同朝代天文官員的修訂後，才成了現今我們所使用的陰曆。

民國之後頒行陽曆，現今台灣所行的曆法每年由中央氣象局統一頒布，由於民間仍然根據陰曆行事，所以中央氣象局所編的日曆資料表是採取新舊曆對照的方式。而現今流通的農民曆，也是陽曆與陰曆並立，是陰陽合曆的形式。

以配合農事而訂立的農民曆，到了今日由於機具與栽種技術的進步，作為農事依據的功能已不再那麼重要了。但是其中的每日吉凶、行事忌宜等傳統風水命理的內容，仍然是人們行事的重要依據。現今的農民曆經常結合了民俗、傳統知識與曆法，是每個家庭必備的生活小百科。

農民曆是古代制訂來讓農民在農耕時有所依循的曆法，所以稱之為農曆。漸漸演變到後來，又加上了傳統陰陽五行、天干地支、易經等等的思想，幾千年來已經成為人們日常行事的重要依據了。不過，也就因為融入了許多命理上的專業知識，讓現在的農民曆看起來十分的艱深難懂，因此要瞭解農民曆，就要先了解每個欄位代表的意義，接著就能輕鬆使用農民曆了。

農民曆「每日宜忌」各欄說明

西曆年份 國曆月份	國曆 日期	節氣
	期星	
	節日 佛神誕辰 吉凶神 附註	
農曆月份 甲子 月令 月煞方	農曆 日期	交節氣時間
	干支	
	五行	
	二十值位	
	宜忌	
占十二月節候豐稔歌	**宜忌事項** 節前：指逢節氣時，指節氣時間之前的宜忌 節後：指逢節氣時，指節氣時間之後的宜忌	節氣說明
每日胎神占方	每日胎神占方	
每日沖煞年齡	每日沖煞年齡	

農民曆「每日宜忌」實例

二〇二一年 國曆二月小	18	雨水
	四期星	
	天德	
農曆一月 庚寅 端月 煞北方	初七	酉時 18時44分
	丁酉	
	火	
	危	
	宜	
立春最喜晴一日，元旦景雲光齊天 雨水連綿是豐年，農夫不用力耕田	宜祭祀、祈福、出行、納采、問名、嫁娶、移徙、安床、解除、修造動土、豎柱上樑、納財、破土、安葬、入宅	斗指壬為雨水，時東風解凍，冰雪皆散而為水，化而為雨，故名雨水。 節氣諺語：雨水，海水卡冷鬼。 雨水時節雖已入春，但溫度仍低，海水摸起來還是非常冷冽。
每日胎神占方	倉庫門 房內北	
每日沖煞年齡	沖兔 11歲 煞東	

各欄位所代表的意義解釋

❖干支：

「**天干地支**」是自商朝開始即有的記年、記日方式，以「十天干」（甲乙丙丁戊己庚辛壬癸）與「**十二地支**」（子丑寅卯辰巳午未申酉戌亥）相配，每六十年為一個循環。

❖五行：

「**五行**」指「**金木水火土**」，傳統命理認為宇宙中的萬物都可以被區分為這五個屬性。農民曆中所表示的五行，背後代表的其實是較為複雜的「**六十甲子納音**」，各種天干地支的組合代表了各種屬性的「**五行**」，對論命者而言具有參考作用，但對一般人而言用途則不大。

❖十二值位：

代表的是十二個「吉凶神」（一**建**、二**除**、三**滿**、四**平**、五**定**、六**執**、七**破**、八**危**、九**成**、十**收**、十一**開**、十二**閉**），每日的值神不同，適合做跟不適合做的事情也不同。

❖用事批註宜忌：

這欄裡面，主要是根據**干支日**、**五行**、**十二值位**，再加上其他比較複雜的命理概念，歸納出來在這一天裡面可以做的事情跟不宜做的事情，整體標註出來，這是目前人們從事重要活動時最方便參照的資料，是最實用的欄位。

❖胎神占方：

指每日**胎神**所在的地方。在民間信仰中，**胎神**是掌管胎兒生長的神明。每日胎神所在的位置都不相同，原則上多在屋子裡外，孕婦活動的範圍內。民間認為每日胎神所在的地方，所有的人都不可冒犯，否則會影響胎兒的生長，嚴重時甚至會造成流產。

❖沖煞生肖、年齡、方位：

指每天會沖犯到的生肖、年齡與方位。被沖煞到的人最好不要出現在任何重要的場合，像是嫁娶、出殯等，不僅本身可能會遭到無妄之災，也可能讓正在進行的事情，沒有辦法順利舉行。「**煞方**」則指當日凶神所在的地方，不管今天要做什麼事，都要盡量避免往該方向活動，以免沾染不好的氣場，影響事情的順利進行。

❖每日財喜方位：

指每日**財神**跟**喜神**所在的方位，如果想要沾喜氣或是獲得財運，可以在每日出門時先往財喜方位走，比較容易獲得好運道。詳細用法請參照本書**擇日擇時**單元。

❖每日吉凶時：

這是指這一天裡面由**吉神**所掌管的時間。在傳統的命理觀念中，好日子裡也有**吉時**與**凶時**的區分，若希望事情能進行順利，除了挑選好日子，最好也要選在吉時來進行。

重要名詞解釋

農民曆自古以來就是人們用來參照**日常行事**、**斷定吉凶**的重要根據。農民曆的編著由來已久，加上後世不斷的增補，因此在**用事名詞**上面也出現許多不同的版本。

目前流傳下來的農民曆，主要都是根據舊時社會的環境與情況所寫，不管是哪一個版本，裡頭使用的部分名詞，與我們今日所慣用之用語大不相同（**例如「經絡」代表「織布」、「鼓鑄」代表「冶煉金屬」**）。大多數的人看不懂這些名詞所代表的事件，使用農民曆時就會遭遇困難。

為了讓讀者瞭解農民曆之用語，底下將根據**清朝**時期曾由朝廷統一列舉的「**通書六十事**」，進行每個用語的解說，並且根據性質加以分類，加上現代行事的附註，方便瞭解與使用。

本書對農民曆用語的篩選

農民曆上面所列舉的行事對古人而言，都是需要慎重處理，甚至在舉行前要進行儀式的事情。但就目前社會發展來看，有許多已經是**不合時宜**。因此底下雖然針對大部分的用語做解釋，但在本書的「用事宜忌」中，**將僅列舉在現代社會中仍須擇吉進行的重要事項，以方便讀者使用。**

❖祭祀類

祭祀：祭祀祖先（或好兄弟），或祭拜神明等儀式。這裡的祭祀指的是節日或例祭之外的祭祀活動，例如建醮、大船下水等等祭祀活動，或擺放制煞物品也可以選擇宜祭祀的日子。

祈福：祈求神明保佑平安或者許願還願的事宜。

求嗣：向神明祈求子嗣的祭拜儀式。

冠帶：這是指傳統上年輕男女的成年儀式。

❖政事類

上冊受封：接受皇帝的賞賜。

上表章：古代臣子將奏章上呈君主。

襲爵受封：中國古代是封建社會，早在西周時期就有爵位的分封，雖然之後各朝代的規制不同，但一般來說，爵位都是由長子繼承原有的爵位，而其他的孩子則分封為低三階的爵位。此處的襲爵受封，就是指嫡長子繼承爵位與其他子嗣受封爵位的受封儀式。

上官赴任：新官上任，就職典禮。

臨政親民：皇帝或官員聽取政事、下鄉視察。

❖日常行事類

會親友：探訪友人、親戚，或者聚會。

入學：拜師學藝、求取手藝。

出門遠行。

進人口：收養子女或聘納員工等。

出行：指遠行、出國觀光及旅行等。

移徙：搬家，遷移住所。

遠迴：指長距離的往返，例如歸寧。

解除：進行解災厄、除穢的儀式，或者將制煞物品由懸掛擺放處取下。

安床：包括安新床與安舊床。

安新床：像是結婚或者新屋在入宅時，都要選擇時辰安置床鋪。

安舊床：是指可能因運勢不佳想改換方位，而重新安放床鋪的事宜。

沐浴：清洗身體，特指為重要事件而齋戒沐浴。例如主持重要儀式，或是跟隨神明遶境。

剃頭：初生嬰兒剃除胎毛，或削髮為尼。

整手足甲：初生嬰兒首次剪手足甲。

求醫療病：看醫生、治病，或者開刀。

乘船渡水。

療目：治療眼睛的疾病。

針刺：針灸之類的醫療行為。

乘船渡水：搭船過河、過江、遊湖等等。

❖婚姻類

結婚姻：議定婚事，兩家人締結婚姻之事。

納采問名：指受授聘金，俗稱完聘。

嫁娶：指舉行結婚迎親儀式的吉日。

裁衣：分為兩種，一為裁製新娘禮服，另一個是為病重的老人做壽衣。

❖建築類

築堤防：修建河堤邊的護欄或防水的堤防。

修造動土：房屋整修、內部裝潢等。

動土：指興建陽宅之第一次動工挖土（陰宅為「破土」）。

豎柱上樑：豎立柱子，安屋頂中樑。傳統上進行「上樑」儀式前，一定要選擇吉日吉時。

修倉庫：建築倉庫或儲藏室。

苫（唸「山」）蓋：以草編物品來覆蓋屋頂。

修置產室：修理或建築廠房、產室。

開渠穿井：開築下水道、水溝及開鑿水井等。

安碓（唸「對」）磑（唸「位」）：安裝舂物臼磨粉器。傳統上進行這項活動前要先舉行儀式。

補垣塞穴：補修牆壁或堵塞蟻穴及其他洞穴。

掃舍宇：打掃屋宅，指大型的大掃除。

修飾垣牆：裝修、粉刷、整理牆壁。

平治道塗：指鋪平道路等工程。

破屋壞垣：拆除舊屋圍牆之事。

穿井。

❖工商類

鼓鑄：冶煉金屬以製錢幣或器物。

開市：公司行號商店開張或開幕，或指休完年假後首日營業或工廠開工等。

立券：訂立契約書等事。

交易：交易買賣等事。

納財：購置產業、進貨、收帳、五穀入倉等。

開倉庫：打開穀倉或囤貨的倉庫。在古代，倉庫不會隨便開啟，以免裡頭的貨物或穀物敗壞。

出貨財：出貨、送貨。

❖喪事類

破土：建墳墓、埋葬等（**陽宅為「動土」**）。

安葬：埋葬屍體，或撿骨後「進金」（將先人遺骨放入金斗甕）。

啟攢：指洗骨之事。撿死人的骨骸簡稱拾金。

建墳墓的破土，也須擇好日子。

❖農林漁牧類

伐木：砍伐樹木。古時候人們認為樹木有靈，因此在伐木前必須要舉行儀式，安撫樹靈，祭拜完畢之後才會進行。

捕捉：撲滅害蟲或生物。

畋（唸「田」）獵：打獵或捕捉野獸等工作。

取魚：結網撈魚，捕取魚類。

栽種：種植樹木、接枝、種稻等農事。

捕取魚類。

牧養：畜牧牛馬等家畜。

納畜：買入雞鴨、牛羊等來飼養。

經絡：織布、安裝織機或蠶桑之事。因為其中有安裝織機這個部分，後人也衍生為適合安裝各式機械設備的日子。

醞釀：指做醬菜、釀酒、做醋、醬油等等需要發酵的事物，由於發酵的狀況會影響事件的成敗，因此傳統上認為製作時，也要挑選吉日，以期順利釀造出好的成品。

六十甲子納音

六十甲子納音是結合了五行、天干、地支與古代音律——五音，所推算出來的術數，用途非常廣泛，可以用來論命、推算年運、擇吉，甚至是造葬等。這個術數的基礎是五行，十天干、十二地支以及五音都有各自的五行屬性，相互結合之後，與單純的五行相生相剋就不同了。同樣納音屬金的，就有海中金、劍鋒金、白蠟金、砂中金、金箔金、釵釧金等，每一種代表的涵義都不同。

以砂中金為例，為何稱為砂中金？古書云：「之氣已成，物質自堅實，混于沙而別于沙，居於火而煉於火，乃曰砂中金也。」

甲午砂中金，是沙汰之金，古書云：「甲午天符祿，乃沙汰之金，志大而有節操，或零火蓋之而嚴，或旺金集之而剛，不遇丁壬，始可陶熔之寶。祿神敗而食子欲妻剛而子旺。」乙未砂中金，則是強悍剛礦之金，古書云：「乙未祿印綬，乃強悍剛礦之金，欲金相用在火盛處，父子相乘，皆為珍寶。德神當位，喜見印官。」

不同屬性的金，需要用來助旺或要避開的五行也不同。像是甲午砂中金，含砂量大的砂金，一樣要用火來鍛鍊，但要避開丁、壬才能有所成。乙未砂中金，則是礦砂類的砂金，含金量高，以大火來鍛鍊，可以成為珍寶，因此要加強的是火的部分。古人便根據這些不同屬性的組合變化，來論斷吉凶，推算一個人命運的貧富貴賤。

六十甲子納音

甲子乙丑海中金	丙寅丁卯爐中火	戊辰己巳大林木
庚午辛未路傍土	壬申癸酉劍鋒金	甲戌乙亥山頭火
丙子丁丑澗下水	戊寅己卯城頭土	庚辰辛巳白蠟金
壬午癸未楊柳木	甲申乙酉井泉水	丙戌丁亥屋上土
戊子己丑霹靂火	庚寅辛卯松柏木	壬辰癸巳長流水
甲午乙未砂中金	丙申丁酉山下火	戊戌己亥平地木
庚子辛丑壁上土	壬寅癸卯金箔金	甲辰乙巳覆燈火
丙午丁未天河水	戊申己酉大驛土	庚戌辛亥釵釧金
壬子癸丑桑柘木	甲寅乙卯大溪水	丙辰丁巳沙中土
戊午己未天上火	庚申辛酉石榴木	壬戌癸亥大海水

正月開運三吉時——初一、開工、迎財神

辛丑年初一開門吉時與祭拜

大年初一是一年的開始，傳統上認為大年初一能迎到的財氣、喜氣與貴氣都最強。所以初一起個大早往吉祥的方位走，將能為自己帶來無與倫比的財氣與貴氣。因此這一天開門的時間與出門的方位就顯得十分重要。以時間點來說，**今年最佳開門時間為丑時（上午一點至一點四十分）、寅時（上午三點至四點二十分）、卯時（上午五點至七點）、午時（上午十一點至下午一點）、未時（下午一點至三點）**。可以根據平常作息或工作時間，挑選最適合的時辰來開門。

吉時一到，便可以開門，準備清茶、糖果、吉祥的水果像是橘子，以及飯、發糕與年糕等供品祭祖。米飯與糕類要插上紅色紙剪的春字，就是俗稱的「飯春花」。「春」和台語「剩」同音，象徵「年年有餘」。祭拜完後要燃放爆竹。

拜拜之後，可以出門往好的方位走，以迎接好的氣場。**初一這天的喜神在西南方，貴方為東北方。**出門時先往這幾個好方位，走上五十到一百步，再往自己原本的目的地前進，民間認為這樣便能夠討得好采頭。另外，**財神在正東方，若想要求財者可以選擇往這個方向走。今年的煞方在正西，要盡量避免往這個方向走，以免受到不好氣場的影響。**

傳統上也認為大年初一有如一天的早晨，是全新的開始，若能在年初一起得早（最遲不睡過中午），便象徵一整年都會很有活力精神。如果在大年初一的白天睡覺，就象徵在一年的開始精神萎靡、懶散、沒有活力。民俗上甚至認為這將導致種田的田會塌，養雞的人雞會生不出雞蛋。因此，大年初一應該要盡量早起出門活動，無論是全家出外踏青遊玩，或是到附近親朋好友家拜年，到廟裡拜拜等，都能為自己跟家人求得一整年的好運與平安。

辛丑年年初開工吉時與祭拜

初五又稱為「隔開」，意思就是新年的歡樂氣氛就到今天為止。新年期間放在家中神桌上的供品也都要撤收，自這天開始，一般民家就開始恢復正常的生活作息了。許多店家公司也都從這

正月初一可全家出遊踏青，為新的一年注入活力。

天開始上班做生意。不過並不是每一年的初五都是最好的開市、開工日。今年最佳的開工、開市日期與時間請參照下表。

店家或公司可以在門口準備各種牲禮、酒水、線香、紙錢，特別還需準備「疏文」。由於開工祭拜的對象是財神與行業的守護神，準備疏文是讓誠心的祈願可以完整傳達給神明，祭拜者將有機會獲得更為有力的保佑，在自己專長的行業中，創造更好的成績。所以在祭拜前也要搞懂行業祖師爺或守護神是誰，以免不小心拜錯了，既鬧笑話又難以受到保佑！

各行業守護神例

行業別	守護神明
醫療業	保生大帝、華陀、神農大帝
製藥業	神農大帝
屠宰業	玄天上帝
美髮業	孚佑帝君
航海業	天上聖母、水仙尊王
木匠業	巧聖仙師
泥水業	荷葉仙師
商賈業	福德正神、關聖帝君、財神
軍警業	關聖帝君
命理業	鬼谷子
戲曲業	西秦王爺、田都將軍
運輸業	中壇元帥
教職業	文昌帝君、魁星
特種業	豬八戒

二〇二一年辛丑年年初開工開市吉時

正月初二						
卯時	辰時	巳時	午時	未時	申時	酉時
上午五點至六點二十分	上午七點至八點二十分	上午九點至十點二十分	上午十一點至十二點二十分	下午一點至二點二十分	下午三點到四點二十分	下午五點到七點

正月初四		
卯時	未時	酉時
上午五點至七點	下午一點至二點二十分	下午五點到六點二十分

正月初九				
卯時	午時	未時	申時	戌時
上午五點至七點	上午十一點至十二點二十分	下午一點至三點	下午三點到四點二十分	下午七點到八點二十分

辛丑年初五迎財神吉時與祭拜

大年初五是傳統上「**迎財神**」的日子，在這天上午須要準備供品朝門口祭拜來**迎財神**，迎的則是「五路財神」，有兩種說法，比較常見的說法是「**東西南北中**」五路，分別是：

中路財神「玄壇真君—趙公明」

東路財神「進寶天尊—蕭升」

西路財神「納珍天尊—曹寶」

南路財神「招財使者—陳九公」

北路財神「利市仙官—姚少司」

拜「**五路財神**」的目的就是要收盡東南西北中「**五方之財**」。與「**五路財神**」類似的說法還有「**八路財神**」，**八路**指的就是一般常見的八個方位，不過民俗上對於八路財神究竟是哪幾位神明，並沒有明確的記載。

而「**文、武、義、富、偏**」五路財神的說法，除了上述的「**武財神—趙公明**」以外，還有：

忠貞事暴君的商朝忠臣「文財神—比干」

義薄雲天的三國武將「義財神—關公」

富可敵國的明朝富商「富財神—沈萬三」

生性好賭的漢朝名將「偏財神—韓信」

偏財神的「偏」，是指「正財」以外的財富，如兼職、自由業、買彩券、特種行業……等 皆屬之。

黃帝地母經看流年

黃帝地母經共有六十首，是傳統上用來預測一年整體運勢的經文。今年為辛丑年，可以對照黃帝地母經裡的「辛丑」這一首詩，來看今年的整體預測。

以今年的經文來看，詩曰：

「太歲辛丑年，疾病稍紛紛。
吳越桑麻好，荊楚米麥臻。
春夏均甘雨，秋冬得十分。
桑葉樹頭秀，蠶姑自歡欣。
人民漸蘇息，六畜瘴逡巡。」

卜詞：

「辛丑牛為首，高低甚可憐。
人民留一半，快活好桑田。」

本年度的詩歌與卜詞，預言了去年肆虐整年的瘟疫，可望在新的一年稍稍平息。氣候方面相較去年艱困的狀況，今年整體可說是風調雨順，不管是春天的桑麻、秋冬的米麥都能有不錯的收穫，雖然動物六畜的疫情仍然會有，但是人們可以獲得喘息的一年。

不過因為疫情的影響，人民的收入落差也會因此而拉大，且恐怕還是會有不少人可能會受到相關的影響。

以現今的角度來看，相同干支年的氣候都相同，似無科學根據，也不符合邏輯。另外預測的區域與台灣的氣候差異甚大，就台灣而言並不適用。儘管如此，從這些詩歌還是可以一窺過去人們的生活狀況，可視為一種十分有趣的民俗資料。

年度吉時

❖正月初一開門吉時

正月初一

丑時　上午　一點至一點四十分
寅時　上午　三點至四點二十分
卯時　上午　五點至七點
午時　上午　十一點至下午一點
未時　下午　一點至三點

❖正月開工、開市吉日時

正月初二

卯時　上午　五點至六點二十分
辰時　上午　七點至八點二十分
巳時　上午　九點至十點二十分
午時　上午　十一點至十二點二十分
未時　下午　一點至二點二十分
申時　下午　三點到四點二十分
酉時　下午　五點到七點

正月初四

卯時　上午　五點至七點
未時　下午　一點至二點二十分
酉時　下午　五點到六點二十分

正月初九

卯時　上午　五點至七點
午時　上午　十一點至十二點二十分
未時　下午　一點至三點
申時　下午　三點到四點二十分
戌時　下午　七點到八點二十分

❖天赦吉日

二月十九日戊寅日
五月初六日甲午日
七月廿一日戊申日
九月廿二日戊申日
十月初八日甲子日
十二月初九日甲子日

❖社日

春社日：二月初九日戊辰日
秋社日：八月十一日戊辰日

❖三伏天

初伏天：六月初二日庚申日
中伏天：六月十二日庚午日
末伏天：七月初三日庚寅日

辛丑年大利方位表

❖大利南北，不利東方

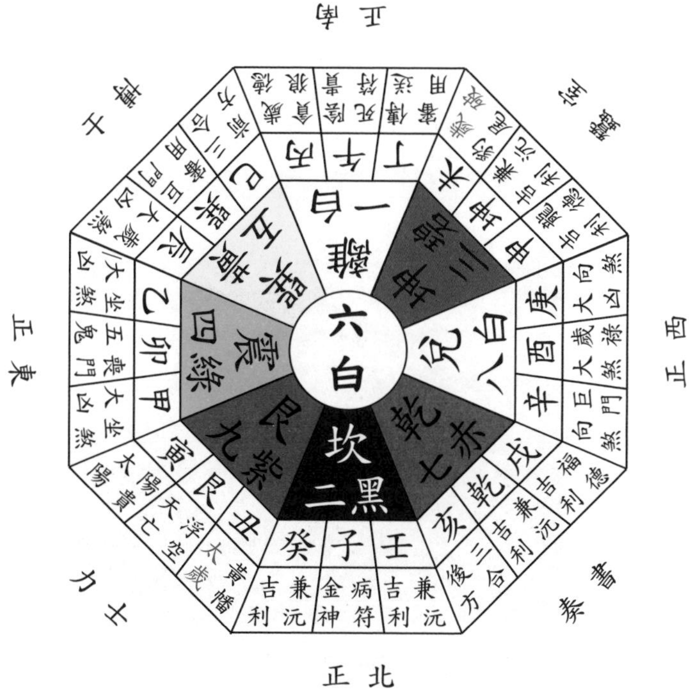

辛丑年安神煞方與安神法

由於傳統信仰與中國人慎終追遠的關係，大部分的人家裡都會有神桌，用來祭拜祖先與神明。而神桌或神龕的裝置有許多的學問，如果沒有小心注意，任意擺放的話，嚴重的時候，有可能會導致家裡不平靜，甚至是家運衰敗。

安神位的日子挑選，要注意避開與「**家人生肖**」相沖的日子，可挑選農民曆上標明適合「**祭祀**」的日子來進行。

安神與流年煞方

「**安神位**」要特別注意「**流年煞方**」。如果準備安神位的位置正巧碰上該年的流年煞方，除了延後安神之外，可以先安「**浮爐**」來化解，也就是在香爐下墊上「**桌墊**」。

一般可以使用**金紙**，先抽掉綑綁金紙的物品，再將第一張金箔抽掉（或是福金的第一張全部抽起），再將其用紅紙包住，將其墊在香爐下面即可，另外也可以使用**盤子**。**今年為牛年，流年煞方為「東方」，所以這方位不宜安神或修造。**

「安爐」可挑選農民曆上適合「祭祀」的日子進行。

安神的方法

若搬新家，或只是神桌在家中換位置而需要「**安神位**」，要先挑選適當的日子，將神明與祖先按順序自原本位置請出，神明（雕像或畫像）要用雙手捧。如果要離開室內，祖先牌位要裝在「**謝籃**」裡，下鋪刈金，撐黑色洋傘。

到新位置安神之前，牆壁先用「**刈金**」清淨，方法是將刈金點火以後，在將要安神位置的牆壁上「**擦**」一遍，安神的順序與請出時一樣，先安神位，後安祖先牌位。

祖先牌位不可高過神像，也不能置於神爐前，因祖先牌位屬「陰」，宜低宜退。擺好神位再將燭台、薦盒、香爐等擺放上去。**神像的位置要比祖先牌位略後，但神明香爐與杯子的位置，則要比祖先的略前。**

安好之後，準備**五果**、**三牲**、**湯圓**、**發粿**、**清茶**、**鮮花**等拜拜。並準備**大壽金**、壽金、刈金、土地公金，香燃過後燒化。安好的神位不可以再隨便移動，若要清潔則必須等到每年農曆十二月二十四日「**送神**」後，才可以進行。

安好神位的當天黃昏，要在廚房準備日常的飯菜拜地基主。

安神之後拜地基主

安神位當天的黃昏時，要拜「**地基主**」。一般多在廚房擺一張小桌子祭拜，如果空間不夠，也可以把流理台當供桌，如果連接著流理台上剛好有窗，則可以朝窗外拜。如果沒有窗戶，則朝後門，或是廚房後方祭拜即可。

拜拜的供品使用日常家裡的飯菜即可。一般可以準備六道菜碗、一鍋飯、三杯酒、兩副碗筷及紙錢。簡單一點的，可以用一個**有菜有肉**的便當，加上三杯酒、兩副碗筷跟紙錢就可以了。

神桌擺放的注意事項

⊙ 神桌應擺放在前方視野遼闊的地方，代表「**明堂寬闊**」，家運才會步步高升。神桌不可以朝屋後，否則會導致「**家運衰退**」。

⊙ 神桌的後方不能是樓梯或是電梯，因為向下的樓梯或電梯，都暗示「**家運衰退**」，特別是電梯上上下下，氣場混亂，影響更為嚴重。

⊙ 神桌後方與正上方不能是瓦斯爐或者廚房，因為若是瓦斯爐則暗示「**火燒神明**」，而廁所則形同將神明祖先置於穢物旁，特別是神桌後方就是馬桶時，這樣的情形都會導致「**家運衰退**」。

⊙ 如果神桌的後方是房間，夫妻或是十二歲到六十五歲之間的單身或已婚者，都要避免睡在這裡，以免影響夫妻感情，或不利姻緣。

⊙ 如果神桌樓上的位置作為臥室，床要小心避開神桌所在的地方，否則因為壓住神明的關係，對於睡在這裡的人，身體上會有不好的影響。

⊙神桌的上方不可以有橫樑通過，象徵挑著「重擔」，暗示一家人做事辛苦。另外這樣的狀況也容易導致家人有頭部方面的毛病。

⊙神桌上方要避免擺放不相干的物品，特別是**人形雕塑**或**玩具公仔**，因為神桌經常會受到**燒香膜拜**的關係，可能會有**不明的靈體**藉機進入這些人形物接受膜拜，會使家中出現怪事。

⊙神桌的前方及左右，包括神桌底下，都要避免堆放物品，神桌正上方的樓上空間則要避免設置櫃子或是床鋪之類的大型家具，因為神桌若是被雜物擋住、壓住，家運容易受到影響。

⊙神桌前面如果有安裝長形的日光燈，要特別注意一定要與神桌**平行懸掛**，如果燈管的方向與神桌垂直，就如同一枝利箭直接射向神明與祖先，形成「**弓箭煞**」，除了對家人運勢有不好的影響外，也直接暗示了容易有意外血光的情形發生。

⊙神桌的高度或與牆壁的距離，都要盡量合於「**魯班尺**」的吉字，如果場地有限制，至少高度需符合吉字。

⊙神桌的左右也要特別注意，虎邊不可以太迫近牆邊，所謂「**迫虎傷人**」，神桌太靠近虎邊對於主人來說會有不良影響。神桌安置要穩固不搖晃，避免碰撞或地震時造成東西摔落。

⊙民俗上認為「**龍怕臭，虎怕吵**」，因此神桌的左邊不能是廁所正沖，而右邊則不能擺放會發出聲音的家電，例如電視、音響、冰箱等。

二〇二一年 國曆一月大	1	2	3	4	5
農曆十二月 己丑 臘月 煞東方	星期五	星期六	星期日	星期一	星期二
朔日西風六畜災，綿絲五穀德成堆 最喜大寒無雨雪，太平冬盡賀春來	刀砧日			月德	
	十八	十九	二十	廿一	廿二
	己酉	庚戌	辛亥	壬子	癸丑
	土	金	金	木	木
	收	開	閉	建	建除
	★	宜	★	★	★
	忌祈福、出行、納采、問名、嫁娶、移徙、安床、解除、修造動土、豎柱上樑、開市、立券、交易、納財、破土、安葬、啟攢	**宜**祭祀、祈福、解除、修造動土、豎柱上樑 **忌**出行、嫁娶、移徙、開市、立券、交易、納財	**忌**祈福、出行、納采、問名、嫁娶、移徙、安床、解除、修造動土、豎柱上樑、開市、破土、安葬、啟攢	**諸事不宜**	**忌**祈福、出行、納采、問名、嫁娶、移徙、解除、修造動土、豎柱上樑、破土、安葬、啟攢
每日胎神占方	占大門 外東北	碓磨栖 外東北	廚灶床 外東北	倉庫碓 外東北	房床廁 外東北
每日沖煞年齡	沖兔 58歲 煞東	沖龍 57歲 煞北	沖蛇 56歲 煞西	沖馬 55歲 煞南	沖羊 54歲 煞東

小寒	6	7	8	9
午時 11時23分	三期星	四期星	五期星	六期星
	勿探病	天德合 月德合 勿探病		
	廿三	廿四	廿五	廿六
	甲寅	乙卯	丙辰	丁巳
	水	水	土	土
	除	滿	平	定
	宜	宜	★	★
斗指戊為小寒，時天氣漸寒，尚未大冷，故名小寒。節氣諺語：小寒大冷，人馬安。小寒時天氣應寒冷，人畜才會平安。	**宜** 入宅 **忌** 祭祀、出行、納采、問名、嫁娶	**宜** 祭祀、祈福、出行、納采、問名、嫁娶、移徙、解除、豎柱上樑、開市、立券、交易、納財、安葬、啟攢 **忌** 修造動土、破土	**諸事不宜**	**忌** 祈福、出行、納采、問名、嫁娶、移徙、安床、解除、修造動土、豎柱上樑、開市、立券、交易、納財、破土、安葬、啟攢
	占門爐 外東北	碓磨門 外正東	廚灶栖 外正東	倉庫床 外正東
	沖猴 53歲 煞北	沖雞 52歲 煞西	沖狗 51歲 煞南	沖豬 50歲 煞東

15	14	13	12	11	10
五期星	四期星	三期星	二期星	一期星	日期星
		刀砧日	天德 月德 刀砧日		
初三	初二	十二月	廿九	廿八	廿七
癸亥	壬戌	辛酉	庚申	己未	戊午
水	水	木	木	火	火
開	收	成	危	破	執
★	宜	★	宜	宜	★
諸事不宜	**宜**祭祀 **忌**祈福、出行、納采、問名、嫁娶、移徙、安床、解除、修造動土、豎柱上樑、開市、立券、交易、納財、破土、安葬、啟攢	**日逢受死日，不宜諸吉事**	**宜**祭祀、出行、移徙、修造動土、豎柱上樑、開市、立券、交易、納財、破土、安葬、入宅 **忌**祈福、納采、問名、嫁娶、安床、解除	**宜**祭祀 **忌**祈福、出行、納采、問名、嫁娶、移徙、安床、修造動土、豎柱上樑、開市、立券、交易、納財、破土、安葬、啟攢	**忌**祈福、出行、納采、問名、嫁娶、移徙、安床、解除、修造動土、豎柱上樑、開市、立券、交易、納財、破土、安葬、啟攢
占房床 外東南	倉庫栖 外東南	廚灶門 外東南	碓磨爐 外東南	占門廁 外正東	房床碓 外正東
沖蛇 44歲 煞西	沖龍 45歲 煞北	沖兔 46歲 煞東	沖虎 47歲 煞南	沖牛 48歲 煞西	沖鼠 49歲 煞北

大寒	20	19	18	17	16
	星期三	星期二	星期一	星期日	星期六
				天德合 月德合	天赦日
寅時 04時40分	初八	初七	初六	初五	初四
	戊辰	丁卯	丙寅	乙丑	甲子
	木	火	火	金	金
	平	滿	除	建	閉
	★	宜	宜	宜	宜
斗指癸為大寒，時大寒栗烈已極，故名大寒。 **節氣諺語：大寒不寒，春分不暖。** 大寒若天氣溫暖，表氣候不順，隔年春分仍會寒冷。	**諸事不宜**	**宜** 祭祀 **忌** 祈福、出行、納采、問名、嫁娶、移徙、安床、解除、修造動土、豎柱上樑、開市、立券、交易、納財、破土、安葬、啟攢	**宜** 入宅 **忌** 祭祀、出行	**宜** 祭祀、祈福、納采、問名、解除、豎柱上樑、納財、安葬 **忌** 出行、嫁娶、移徙、修造動土、破土	**宜** 祭祀、安葬
	房床栖 外正南	倉庫門 外正南	廚灶爐 外正南	碓磨廁 外東南	占門碓 外東南
	沖狗 39歲 煞南	沖雞 40歲 煞西	沖猴 41歲 煞北	沖羊 42歲 煞東	沖馬 43歲 煞南

26	25	24	23	22	21
二期星	**一期星**	**日期星**	**六期星**	**五期星**	**四期星**
	刀砧日	刀砧日		天德 月德 勿探病	
十四	**十三**	**十二**	**十一**	**初十**	**初九**
甲戌	癸酉	壬申	辛未	庚午	己巳
火	金	金	土	土	木
收	成	危	破	執	定
宜	★	**宜**	**宜**	**宜**	**宜**
宜祭祀 **忌**祈福、出行、納采、問名、嫁娶、移徙、安床、解除、修造動土、豎柱上樑、開市、立券、交易、納財、破土、安葬、啟攢	**日逢受死日，不宜諸吉事**	**宜**祭祀、開市、納財、破土、安葬 **忌**祈福、納采、問名、安床、解除、立券、交易	**宜**祭祀、解除 **忌**祈福、出行、納采、問名、嫁娶、移徙、安床、修造動土、豎柱上樑、開市、立券、交易、納財、破土、安葬、啟攢	**宜**祭祀、祈福、出行、納采、問名、嫁娶、移徙、解除、修造動土、豎柱上樑、破土、安葬	**宜**納采、問名、修造動土、豎柱上樑、立券、交易、納財、入宅 **忌**出行、嫁娶、解除、破土、安葬、啟攢
門碓栖 外西南	房床門 外西南	倉庫爐 外西南	廚灶廁 外西南	占碓磨 外正南	占門床 外正南
沖龍 33歲 煞北	沖兔 34歲 煞東	沖虎 35歲 煞南	沖牛 36歲 煞西	沖鼠 37歲 煞北	沖豬 38歲 煞東

辛丑年每日宜忌

31	30	29	28	27
星期日	星期六	星期五	星期四	星期三
勿探病				天德合 月德合
十九	十八	十七	十六	十五
己卯	戊寅	丁丑	丙子	乙亥
土	土	水	水	火
滿	除	建	閉	開
宜	宜	★	宜	宜
宜 祭祀 **忌** 祈福、出行、納采、問名、嫁娶、移徙、安床、解除、修造動土、豎柱上樑、開市、立券、交易、納財、破土、安葬、啟攢	**宜** 入宅 **忌** 祭祀、出行、破土、安葬、啟攢	**忌** 祈福、出行、納采、問名、嫁娶、移徙、安床、解除、修造動土、豎柱上樑、破土、安葬、啟攢	**宜** 祭祀、安葬、啟攢 **忌** 祈福、出行、納采、問名、嫁娶、移徙、安床、解除、修造動土、豎柱上樑、開市、立券、交易、納財、破土	**宜** 祭祀、祈福、解除、修造動土、豎柱上樑、開市、納財、入宅 **忌** 出行、納采、問名、嫁娶、移徙
占大門 外正西	房床爐 外正西	倉庫廁 外正西	廚灶碓 外西南	碓磨床 外西南
沖雞 28歲 煞西	沖猴 29歲 煞北	沖羊 30歲 煞東	沖馬 31歲 煞南	沖蛇 32歲 煞西

二〇二一年 國曆二月小

農曆一月 庚寅 端月 煞北方

立春最喜晴一日，元旦景雲光齊天
雨水連綿是豐年，農夫不用力耕田

國曆	1	2	3
星期	星期一	星期二	星期三
	天德 月德		天德合 勿探病
農曆	二十	廿一	廿二
干支	庚辰	辛巳	壬午
五行	金	金	木
	平	定	定執
	宜	宜	宜
宜忌	**宜** 祭祀 **忌** 祈福、出行、納采、問名、嫁娶、移徙、安床、解除、修造動土、豎柱上樑、開市、立券、交易、納財、破土、安葬、啟攢	**宜** 祭祀、祈福、納采、問名、移徙、修造動土、豎柱上樑、立券、交易、納財 **忌** 出行、嫁娶、解除、破土、安葬、啟攢	**宜** 祭祀、祈福、出行、納采、問名、嫁娶、移徙、解除、修造動土、豎柱上樑、開市、立券、交易、納財、破土、安葬、入宅
每日胎神占方	碓磨栖 外正西	廚灶床 外正西	倉庫碓 外西北
每日沖煞年齡	沖狗 27歲 煞南	沖豬 26歲 煞東	沖鼠 25歲 煞北

立春

亥時 22時59分

斗指東北維為立春，時春氣始至，四時之卒始，故名立春也。

節氣諺語：立春打雷，十處豬欄九處空。

立春這天如果打雷，會六畜不安。相反的，雷不打春，今年一定好年冬。

辛丑年每日宜忌

8	7	6	5	4
星期一	星期日	星期六	星期五	星期四
天德 刀砧日	月德	天神下降 日	送神日	
廿七	**廿六**	**廿五**	**廿四**	**廿三**
丁亥	丙戌	乙酉	甲申	癸未
土	土	水	水	木
收	成	危	破	執
宜	★	**宜**	**宜**	★
宜 祭祀、祈福、出行、納采、問名、移徙、解除、修造動土、豎柱上樑、開市、立券、交易、納財 **忌** 嫁娶	**日逢受死日，不宜諸吉事**	**宜** 祭祀、破土、安葬、入宅 **忌** 祈福、出行、納采、問名、嫁娶、移徙、安床、解除、修造動土、豎柱上樑、開市、立券、交易、納財	**宜** 祭祀、解除 **忌** 祈福、出行、納采、問名、嫁娶、移徙、安床、修造動土、豎柱上樑、開市、立券、交易、納財、破土、安葬、啟攢	**忌** 開市、立券、交易、納財
倉庫床 外西北	廚灶栖 外西北	碓磨門 外西北	占門爐 外西北	房床廁 外西北
沖蛇 20歲 煞西	沖龍 21歲 煞北	沖兔 22歲 煞東	沖虎 23歲 煞南	沖牛 24歲 煞西

辛丑年每日宜忌

9	10	11	12	13	14
星期二	星期三	星期四	星期五	星期六	星期日
刀砧日		除夕	春節 月德合	天德合	
廿八	廿九	三十	正月	初二	初三
戊子	己丑	庚寅	辛卯	壬辰	癸巳
火	火	木	木	水	水
開	閉	建	除	滿	平
宜	★	宜	宜	宜	★
宜祭祀 **忌**納采、問名、嫁娶、破土、安葬、啟攢	**諸事不宜**	**宜**立券、交易、納財 **忌**祭祀、祈福、出行、納采、問名、嫁娶、移徙、解除、修造動土、豎柱上樑、破土、安葬、啟攢	**宜**祭祀、祈福、出行、納采、問名、嫁娶、移徙、解除、修造動土、豎柱上樑、立券、交易、破土、安葬、啟攢、入宅	**宜**祭祀、祈福、出行、納采、問名、嫁娶、移徙、解除、修造動土、豎柱上樑、開市、立券、交易、納財、安葬	**忌**祈福、出行、納采、問名、嫁娶、移徙、安床、解除、修造動土、豎柱上樑、開市、立券、交易、納財、破土、安葬、啟攢
房床碓 外正北	占門廁 外正北	碓磨爐 外正北	廚灶門 外正北	倉庫栖 外正北	占房床 房內北
沖馬 19歲 煞南	沖羊 18歲 煞東	沖猴 17歲 煞北	沖雞 17歲 煞西	沖狗 16歲 煞南	沖豬 15歲 煞東

15	16	17	18	雨水	19
一期星	二期星	三期星	四期星		五期星
孫真人聖誕		清水祖師聖誕 月德	天德		
初四	初五	初六	初七	酉時 18時44分	初八
甲午	乙未	丙申	丁酉		戊戌
金	金	火	火		木
定	執	破	危		成
宜	★	宜	宜		★
宜祭祀、祈福、出行、納采、問名、嫁娶、移徙、修造動土、豎柱上樑、開市、立券、交易、納財、入宅 **忌**解除、破土、安葬、啟攢	**忌**出行、納采、問名、嫁娶、移徙、解除、修造動土、豎柱上樑、開市、立券、交易、納財、破土、安葬、啟攢	**宜**祭祀、解除 **忌**祈福、出行、納采、問名、嫁娶、移徙、安床、修造動土、豎柱上樑、開市、立券、交易、納財、破土、安葬、啟攢	**宜**祭祀、祈福、出行、納采、問名、嫁娶、移徙、安床、解除、修造動土、豎柱上樑、納財、破土、安葬、入宅	**斗指壬為雨水，時東風解凍，冰雪皆散而為水，化而為雨，故名雨水。** **節氣諺語：雨水，海水卡冷鬼。** 雨水時節雖已入春，但溫度仍低，海水摸起來還是非常冷冽。	**日逢受死日，不宜諸吉事**
占門碓 房內北	碓磨廁 房內北	廚灶爐 房內北	倉庫門 房內北		房床栖 房內南
沖鼠 14歲 煞北	沖牛 13歲 煞西	沖虎 12歲 煞南	沖兔 11歲 煞東		沖龍 10歲 煞北

20	21	22	23	24
六期星	**日期星**	**一期星**	**二期星**	**三期星**
玉皇大帝聖誕 刀砧日	刀砧日	月德合	天德合 勿探病	關聖帝君飛昇日
初九	**初十**	**十一**	**十二**	**十三**
己亥	庚子	辛丑	壬寅	癸卯
木	土	土	金	金
收	開	閉	建	除
宜	**宜**	**宜**	**宜**	**宜**
宜 祭祀、祈福、開市、立券、交易、納財 **忌** 嫁娶、破土、安葬、啟攢	**宜** 祭祀 **忌** 納采、問名、修造動土、破土	**宜** 祭祀 **忌** 祈福、出行、納采、問名、嫁娶、移徙、安床、解除、修造動土、豎柱上樑、開市、立券、交易、納財、破土、安葬、啟攢	**宜** 納采、問名、解除、豎柱上樑、立券、交易、納財、安葬、啟攢 **忌** 祭祀、出行、嫁娶、移徙、修造動土、破土	**宜** 出行、解除、立券、交易、破土、啟攢、入宅
占門床 房內南	占碓磨 房內南	廚灶廁 房內南	倉庫爐 房內南	房床門 房內南
沖蛇 9歲 煞西	沖馬 8歲 煞南	沖羊 7歲 煞東	沖猴 6歲 煞北	沖雞 5歲 煞西

辛丑年每日宜忌

28	27	26	25
星期日	星期六	星期五	星期四
天德	月德	元宵節 天官聖誕	
十七	十六	十五	十四
丁未	丙午	乙巳	甲辰
水	水	火	火
執	定	平	滿
宜	宜	★	宜
宜 祭祀、祈福、出行、移徙、解除、修造動土、豎柱上樑、納財、破土、安葬、入宅 **忌** 納采、問名、嫁娶	**宜** 祭祀、祈福、出行、納采、問名、嫁娶、移徙、解除、修造動土、豎柱上樑、開市、立券、交易、納財、破土、安葬、入宅	**忌** 祈福、出行、納采、問名、嫁娶、移徙、安床、解除、修造動土、豎柱上樑、開市、立券、交易、納財、破土、安葬、啟攢	**宜** 祭祀、祈福 **忌** 納采、問名、嫁娶、開市、立券、交易、納財、破土、安葬、啟攢
倉庫廁 房內東	廚灶碓 房內東	碓磨床 房內東	門雞栖 房內東
沖牛 1歲 煞西	沖鼠 2歲 煞北	沖豬 3歲 煞東	沖狗 4歲 煞南

二〇二一年 國曆三月大	1	2	3	4	5
	星期一	星期二	星期三	星期四	星期五
				月德合 刀砧日	刀砧日
農曆二月 辛卯 花月 煞西方 驚蟄聞雷米似泥，春分有雨病人稀 月中但得逢三卯，處處棉花豆麥宜	十八	十九	二十	廿一	廿二
	戊申	己酉	庚戌	辛亥	壬子
	土	土	金	金	木
	破	危	成	收	收開
	宜	宜	★	宜	★
	宜 祭祀、解除 **忌** 祈福、出行、納采、問名、嫁娶、移徙、安床、修造動土、豎柱上樑、開市、立券、交易、納財、破土、安葬、啟攢	**宜** 祭祀、破土、安葬、入宅 **忌** 祈福、出行、納采、問名、嫁娶、移徙、安床、解除、修造動土、豎柱上樑、開市、立券、交易、納財	**日逢受死日，不宜諸吉事**	**宜** 祭祀、祈福、出行、納采、問名、移徙、解除、修造動土、豎柱上樑、開市、立券、交易、納財 **忌** 嫁娶	**諸事不宜**
每日胎神占方	房床爐 房內東	占大門 外東北	碓磨栖 外東北	廚灶床 外東北	倉庫碓 外東北
每日沖煞年齡	沖虎 60歲 煞南	沖兔 59歲 煞東	沖龍 58歲 煞北	沖蛇 57歲 煞西	沖馬 56歲 煞南

驚蟄

申時 16時54分

斗指丁為驚蟄，雷鳴動，蟄蟲皆震起而出，故名驚蟄。

節氣諺語：未驚蟄打雷，會四十九日烏。

如果驚蟄之前就打雷，會連續下四十九天雨。

6	7	8	9	10
星期六	星期日	星期一	星期二	星期三
	月德 勿探病	勿探病		
廿三	廿四	廿五	廿六	廿七
癸丑	甲寅	乙卯	丙辰	丁巳
木	水	水	土	土
開	閉	建	除	滿
宜	宜	宜	★	宜
宜祭祀、祈福、出行、移徙、解除、豎柱上樑、入宅 **忌**納采、問名、嫁娶、修造動土、開市、立券、交易、納財、破土	**宜**立券、交易、納財、破土、安葬、啟攢 **忌**祭祀、祈福、納采、問名、嫁娶、移徙、解除	**宜**祭祀、出行、立券、交易 **忌**祈福、納采、問名、嫁娶、解除、修造動土、豎柱上樑、破土、安葬、啟攢	**日逢受死日，不宜諸吉事**	**宜**祭祀、祈福、納采、問名、解除、豎柱上樑、開市、立券、交易、納財 **忌**出行、嫁娶、移徙、修造動土、破土、安葬、啟攢
房床廁外東北	占門爐外東北	碓磨門外正東	廚灶栖外正東	倉庫床外正東
沖羊55歲煞東	沖猴54歲煞北	沖雞53歲煞西	沖狗52歲煞南	沖豬51歲煞東

16	15	14	13	12	11
二期星	**一期星**	**日期星**	**六期星**	**五期星**	**四期星**
刀砧日	文昌帝君聖誕	福德正神千秋		月德合	
初四	**初三**	**初二**	**二月**	**廿九**	**廿八**
癸亥	壬戌	辛酉	庚申	己未	戊午
水	水	木	木	火	火
成	危	破	執	定	平
宜	★	★	★	**宜**	**宜**
宜入宅 **忌**嫁娶、破土、安葬、啟攢	**忌**祈福、出行、解除、修造動土、豎柱上樑	**諸事不宜**	**忌**祈福、出行、納采、問名、嫁娶、移徙、安床、解除、修造動土、豎柱上樑、開市、立券、交易、納財、破土、安葬、啟攢	**宜**祭祀、祈福、出行、移徙、解除、修造動土、豎柱上樑、立券、交易、納財、安葬、入宅 **忌**納采、問名、嫁娶	**宜**祭祀 **忌**祈福、出行、納采、問名、嫁娶、移徙、安床、解除、修造動土、豎柱上樑、開市、立券、交易、納財、破土、安葬、啟攢
占房床外東南	倉庫栖外東南	廚灶門外東南	碓磨爐外東南	占門廁外正東	房床碓外正東
沖蛇45歲煞西	沖龍46歲煞北	沖兔47歲煞東	沖虎48歲煞南	沖牛49歲煞西	沖鼠50歲煞北

辛丑年每日宜忌

春分	20	19	18	17
	星期六	星期五	星期四	星期三
				月德 刀砧日
酉時 17時37分	初八	初七	初六	初五
	丁卯	丙寅	乙丑	甲子
	火	火	金	金
	建	閉	開	收
	宜	宜	宜	宜
斗指壬為春分，日行周天，南北兩半球晝夜均分，又當春之半，故名。 **節氣諺語：**春分，日暝對分。 春分到，晝夜各半，平均為十二小時。	**宜** 祭祀、祈福、出行、納采、問名、移徙、解除、豎柱上樑、立券、交易、納財、啟攢 **忌** 嫁娶、修造動土、破土	**宜** 立券、交易、納財、破土、啟攢 **忌** 祭祀、祈福、出行、納采、問名、嫁娶、移徙、安床、解除、修造動土、豎柱上樑、開市	**宜** 祭祀、祈福、出行、嫁娶、移徙、解除、修造動土、豎柱上樑、入宅 **忌** 開市、立券、交易、納財、破土、安葬、啟攢	**宜** 祭祀 **忌** 祈福、出行、納采、問名、嫁娶、移徙、安床、解除、修造動土、豎柱上樑、開市、立券、交易、納財、破土、安葬、啟攢
	倉庫門 外正南	廚灶爐 外正南	碓磨廁 外東南	占門碓 外東南
	沖雞 41歲 煞西	沖猴 42歲 煞北	沖羊 43歲 煞東	沖馬 44歲 煞南

辛丑年每日宜忌

21	22	23	24	25
日期星	一期星	二期星	三期星	四期星
春社日	月德合	勿探病		
初九	**初十**	**十一**	**十二**	**十三**
戊辰	己巳	庚午	辛未	壬申
木	木	土	土	金
除	滿	平	定	執
★	宜	宜	宜	宜
日逢受死日，不宜諸吉事	**宜**祭祀、祈福、納采、問名、解除、豎柱上樑、開市、立券、交易、納財 **忌**出行、嫁娶、移徙、修造動土、破土	**宜**祭祀 **忌**祈福、出行、納采、問名、嫁娶、移徙、安床、解除、修造動土、豎柱上樑、開市、立券、交易、納財、破土、安葬、啟攢	**宜**祭祀、祈福、納采、問名、嫁娶、修造動土、豎柱上樑、立券、交易、納財、入宅 **忌**解除	**宜**入宅 **忌**祈福、出行、納采、問名、嫁娶、移徙、安床、解除、修造動土、豎柱上樑、開市、立券、交易、納財、破土、安葬、啟攢
房床栖 外正南	占門床 外正南	占碓磨 外正南	廚灶廁 外西南	倉庫爐 外西南
沖狗 40歲 煞南	沖豬 39歲 煞東	沖鼠 38歲 煞北	沖牛 37歲 煞西	沖虎 36歲 煞南

辛丑年每日宜忌

26	27	28	29	30	31
星期五	星期六	星期日	星期一	星期二	星期三
	三山國王千秋 月德	開漳聖王千秋 刀砧日			觀世音菩薩聖誕 天赦日
十四	十五	十六	十七	十八	十九
癸酉	甲戌	乙亥	丙子	丁丑	戊寅
金	火	火	水	水	土
破	危	成	收	開	閉
★	宜	宜	★	宜	宜
諸事不宜	**宜**祭祀、祈福、出行、納采、問名、嫁娶、移徙、安床、解除、修造動土、豎柱上樑、開市、立券、交易、納財、安葬、入宅	**宜**出行、移徙、修造動土、豎柱上樑、入宅 **忌**納采、問名、嫁娶、開市、立券、交易、納財、破土、安葬、啟攢	**諸事不宜**	**宜**祭祀、祈福、出行、納采、問名、嫁娶、移徙、解除、修造動土、豎柱上樑、入宅 **忌**開市、立券、交易、納財	**宜**立券、交易、納財、安葬 **忌**祭祀、祈福、移徙、解除
房床門 外西南	門碓栖 外西南	碓磨床 外西南	廚灶碓 外西南	倉庫廁 外正西	房床爐 外正西
沖兔35歲煞東	沖龍34歲煞北	沖蛇33歲煞西	沖馬32歲煞南	沖羊31歲煞東	沖猴30歲煞北

二〇二一年 國曆四月小	1	2	3	4	清明
	四期星	五期星	六期星	日期星	
	月德合 勿探病	普賢菩薩聖誕		天德 月德 勿探病	
農曆三月 壬辰 桐月 煞南方	二十	廿一	廿二	廿三	亥時 21時35分
	己卯	庚辰	辛巳	壬午	
	土	金	金	木	
	建	除	滿	滿平	
	★	★	宜	宜	
——風雨相逢初一頭，沿村瘟疫萬人憂 清明風若從南至，定是農家有大收	**諸事不宜**	**日逢受死日，不宜諸吉事**	**宜**祭祀、祈福、開市、立券、交易、納財 **忌**出行、納采、問名、嫁娶、移徙、修造動土、破土、安葬、啟攢	**宜**祭祀、祈福、出行、納采、問名、嫁娶、移徙、解除、豎柱上樑、開市、立券、交易、納財、安葬 **忌**修造動土、破土	**斗指丁為清明，時萬物潔顯而清明，時當氣清景明，故名。** **節氣諺語：清明芋，穀雨薑。** 清明時節是為適合種植芋頭、而接下來的穀雨則是可以種生薑的時候。
每日胎神占方	占大門 外正西	碓磨栖 外正西	廚灶床 外正西	倉庫碓 外西北	
每日沖煞年齡	沖雞 29歲 煞西	沖狗 28歲 煞南	沖豬 27歲 煞東	沖鼠 26歲 煞北	

辛丑年每日宜忌

10	9	8	7	6	5
六期星	**五期星**	**四期星**	**三期星**	**二期星**	**一期星**
刀砧日	天德合 月德合 刀砧日				
廿九	**廿八**	**廿七**	**廿六**	**廿五**	**廿四**
戊子	丁亥	丙戌	乙酉	甲申	癸未
火	土	土	水	水	木
成	危	破	執	定	平
宜	★	**宜**	**宜**	★	★
宜祭祀、祈福、出行、納采、問名、嫁娶、修造動土、豎柱上樑、開市、立券、交易、納財 **忌**移徙、破土、安葬、啟攢	**日逢受死日，不宜諸吉事**	**宜**祭祀、解除 **忌**祈福、出行、納采、問名、嫁娶、移徙、安床、修造動土、豎柱上樑、開市、立券、交易、納財、破土、安葬、啟攢	**宜**祭祀、祈福、出行、納采、問名、嫁娶、移徙、解除、豎柱上樑、開市、立券、交易、納財、安葬、入宅 **忌**修造動土、破土	**忌**祈福、出行、納采、問名、嫁娶、移徙、安床、解除、修造動土、豎柱上樑、開市、立券、交易、納財、破土、安葬、啟攢	**諸事不宜**
房床碓 外正北	倉庫床 外西北	廚灶栖 外西北	碓磨門 外西北	占門爐 外西北	房床廁 外西北
沖馬 20歲 煞南	沖蛇 21歲 煞西	沖龍 22歲 煞北	沖兔 23歲 煞東	沖虎 24歲 煞南	沖牛 25歲 煞西

辛丑年每日宜忌

11	12	13	14	15	16
星期日	星期一	星期二	星期三	星期四	星期五
			天德 月德		
三十	三月	初二	初三	初四	初五
己丑	庚寅	辛卯	壬辰	癸巳	甲午
火	木	木	水	水	金
收	開	閉	建	除	滿
宜	宜	★	宜	宜	宜
宜 祭祀、納財 **忌** 祈福、出行、納采、問名、嫁娶、移徙、安床、解除、修造動土、豎柱上樑、開市、立券、交易、破土、安葬、啟攢	**宜** 出行、納采、問名、移徙、解除、修造動土、豎柱上樑、開市、立券、交易、納財 **忌** 祭祀、嫁娶	**忌** 祈福、出行、納采、問名、嫁娶、移徙、安床、解除、修造動土、豎柱上樑、開市、立券、交易、納財、破土、安葬、啟攢	**宜** 祭祀 **忌** 修造動土、破土	**宜** 入宅 **忌** 祈福、出行、納采、問名、嫁娶、移徙、安床、修造動土、豎柱上樑、破土、安葬、啟攢	**宜** 祭祀 **忌** 祈福、出行、納采、問名、嫁娶、移徙、安床、解除、修造動土、豎柱上樑、開市、立券、交易、納財、破土、安葬、啟攢
占門廁 外正北	碓磨爐 外正北	廚灶門 外正北	倉庫栖 外正北	占房床 房內北	占門碓 房內北
沖羊 19歲 煞東	沖猴 18歲 煞北	沖雞 17歲 煞西	沖狗 16歲 煞南	沖豬 15歲 煞東	沖鼠 14歲 煞北

辛丑年每日宜忌

穀雨	20	19	18	17
	二期星	一期星	日期星	六期星
		天德合 月德合		濟公活佛成道日
寅時 04時33分	初九	初八	初七	初六
	戊戌	丁酉	丙申	乙未
	木	火	火	金
	破	執	定	平
	宜	宜	宜	★
斗指癸為穀雨，言雨生百穀也。時必雨下降，百穀滋長之意。 **節氣諺語：穀雨前三日無茶挽，穀雨後三日挽不及。** 這是指穀雨左右要開始摘採春茶、製春茶，這段期間茶農最為忙碌。	**宜** 祭祀、解除 **忌** 祈福、出行、納采、問名、嫁娶、移徙、安床、修造動土、豎柱上樑、開市、立券、交易、納財、破土、安葬、啟攢	**宜** 祭祀、祈福、出行、納采、問名、嫁娶、移徙、解除、豎柱上樑、立券、交易、納財、安葬、入宅 **忌** 修造動土、破土	**宜** 祭祀 **忌** 祈福、出行、納采、問名、嫁娶、移徙、安床、解除、修造動土、豎柱上樑、開市、立券、交易、納財、破土、安葬、啟攢	**諸事不宜**
	房床栖 房內南	倉庫門 房內北	廚灶爐 房內北	碓磨廁 房內北
	沖龍 10歲 煞北	沖兔 11歲 煞東	沖虎 12歲 煞南	沖牛 13歲 煞西

辛丑年每日宜忌

21	22	23	24	25
星期三	星期四	星期五	星期六	星期日
刀砧日	刀砧日		天德 月德 勿探病	
初十	十一	十二	十三	十四
己亥	庚子	辛丑	壬寅	癸卯
木	土	土	金	金
危	成	收	開	閉
★	宜	宜	宜	★
日逢受死日，不宜諸吉事	**宜**祭祀、祈福、出行、納采、問名、嫁娶、解除、修造動土、豎柱上樑、開市、立券、交易、納財、破土、啟攢 **忌**移徙	**宜**祭祀、納財 **忌**祈福、出行、納采、問名、嫁娶、移徙、安床、解除、修造動土、豎柱上樑、開市、立券、交易、破土、安葬、啟攢	**宜**出行、納采、問名、嫁娶、移徙、解除、修造動土、豎柱上樑、開市、立券、交易、入宅 **忌**祭祀	**忌**祈福、出行、納采、問名、嫁娶、移徙、安床、解除、修造動土、豎柱上樑、開市、立券、交易、納財、破土、安葬、啟攢
占門床 房內南	占碓磨 房內南	廚灶廁 房內南	倉庫爐 房內南	房床門 房內南
沖蛇 9歲 煞西	沖馬 8歲 煞南	沖羊 7歲 煞東	沖猴 6歲 煞北	沖雞 5歲 煞西

辛丑年每日宜忌

30	29	28	27	26
五期星	**四期星**	**三期星**	**二期星**	**一期星**
太陽星君聖誕	天德合 月德合		準提菩薩聖誕	保生大帝聖誕
十九	**十八**	**十七**	**十六**	**十五**
戊申	丁未	丙午	乙巳	甲辰
土	水	水	火	火
定	平	滿	除	建
★	**宜**	**宜**	**宜**	★
忌 祈福、出行、納采、問名、嫁娶、移徙、安床、解除、修造動土、豎柱上樑、開市、立券、交易、納財、破土、安葬、啟攢	**宜** 祭祀 **忌** 祈福、出行、納采、問名、嫁娶、移徙、安床、解除、修造動土、豎柱上樑、開市、立券、交易、納財、破土、安葬、啟攢	**宜** 祭祀 **忌** 祈福、出行、納采、問名、嫁娶、移徙、安床、解除、修造動土、豎柱上樑、開市、立券、交易、納財、破土、安葬、啟攢	**宜** 入宅 **忌** 祈福、出行、納采、問名、嫁娶、移徙、安床、修造動土、豎柱上樑、破土、安葬、啟攢	**忌** 祈福、出行、納采、問名、嫁娶、移徙、安床、解除、修造動土、豎柱上樑、開市、立券、交易、納財、破土、安葬、啟攢
房床爐 房內東	倉庫廁 房內東	廚灶碓 房內東	碓磨床 房內東	門雞棲 房內東
沖虎 60歲 煞南	沖牛 1歲 煞西	沖鼠 2歲 煞北	沖豬 3歲 煞東	沖狗 4歲 煞南

二〇二一年 國曆五月大	1	2	3	4	5
	星期六	星期日	星期一	星期二	星期三
	註生娘娘千秋		刀砧日	天上聖母聖誕 天德 月德 刀砧日	
農曆四月 癸巳 梅月 煞東方 立夏東風少病痾，晴逢初八果生多 雷鳴甲子庚辰日，定主蝗蟲侵損禾	二十	廿一	廿二	廿三	廿四
	己酉	庚戌	辛亥	壬子	癸丑
	土	金	金	木	木
	執	破	危	成	成收
	宜	宜	★	宜	宜
	宜 祭祀、祈福、嫁娶、解除、安葬 **忌** 修造動土、開市、立券、交易、納財、破土	**宜** 祭祀、解除 **忌** 祈福、出行、納采、問名、嫁娶、移徙、安床、修造動土、豎柱上樑、開市、立券、交易、納財、破土、安葬、啟攢	**日逢受死日，不宜諸吉事**	**宜** 祭祀、祈福、出行、納采、問名、嫁娶、解除、修造動土、豎柱上樑、開市、立券、交易、納財、破土、安葬、啟攢 **忌** 移徙	**宜** 出行、修造動土、豎柱上樑、開市、立券、交易、納財 **忌** 納采、問名、嫁娶、移徙
每日胎神占方	占大門 外東北	碓磨栖 外東北	廚灶床 外東北	倉庫碓 外東北	房床廁 外東北
每日沖煞年齡	沖兔 59歲 煞東	沖龍 58歲 煞北	沖蛇 57歲 煞西	沖馬 56歲 煞南	沖羊 55歲 煞東

9	8	7	6	立夏
日期星	六期星	五期星	四期星	未時 14時47分
東嶽大帝聖誕	天德合	鬼谷先師千秋 月德合 刀砧日 勿探病	刀砧日 勿探病	斗指東南維為立夏，萬物至此皆已長大，故名立夏。
廿八	廿七	廿六	廿五	節氣諺語：立夏，補老父。
丁巳	丙辰	乙卯	甲寅	民俗上，立夏日要為年老的父親進補。
土	土	水	水	
建	閉	開	收	
★	宜	宜	★	
日逢受死日，不宜諸吉事	宜 祭祀 忌 祈福、出行、納采、問名、嫁娶、移徙、安床、解除、修造動土、豎柱上樑、開市、立券、交易、納財、破土、安葬、啟攢	宜 祭祀、祈福、出行、納采、問名、嫁娶、移徙、解除、修造動土、豎柱上樑、開市、立券、交易、納財	忌 祭祀、祈福、出行、納采、問名、嫁娶、移徙、安床、解除、修造動土、豎柱上樑、開市、立券、交易、納財、破土、安葬、啟攢	
倉庫床 外正東	廚灶棲 外正東	碓磨門 外正東	占門爐 外東北	
沖豬 51歲 煞東	沖狗 52歲 煞南	沖雞 53歲 煞西	沖猴 54歲 煞北	

10	11	12	13	14	15
一期星	二期星	三期星	四期星	五期星	六期星
		月德	天德		文殊菩薩聖誕
廿九	**三十**	**四月**	**初二**	**初三**	**初四**
戊午	己未	庚申	辛酉	壬戌	癸亥
火	火	木	木	水	水
除	滿	平	定	執	破
宜	**宜**	**宜**	**宜**	**宜**	★
宜 祭祀、入宅 **忌** 祈福、出行、納采、問名、嫁娶、移徙、安床、解除、修造動土、豎柱上樑、開市、立券、交易、納財	**宜** 祭祀 **忌** 祈福、出行、納采、問名、嫁娶、移徙、安床、解除、修造動土、豎柱上樑、開市、立券、交易、納財、破土、安葬、啟攢	**宜** 祭祀、出行、移徙、修造動土、豎柱上樑、開市、立券、交易、納財、破土、安葬 **忌** 祈福、納采、問名、嫁娶、安床、解除	**宜** 祭祀、祈福、出行、納采、問名、嫁娶、移徙、解除、修造動土、豎柱上樑、開市、立券、交易、納財、破土、安葬、入宅	**宜** 解除 **忌** 出行、開市、立券、交易、納財	**諸事不宜**
房床碓 外正東	占門廁 外正東	碓磨爐 外東南	廚灶門 外東南	倉庫栖 外東南	占房床 外東南
沖鼠 50歲 煞北	沖牛 49歲 煞西	沖虎 48歲 煞南	沖兔 47歲 煞東	沖龍 46歲 煞北	沖蛇 45歲 煞西

辛丑年每日宜忌

20	19	18	17	16
四期星	三期星	二期星	一期星	日期星
	佛陀誕辰紀念日 刀砧日	天德合 刀砧日	月德合	
初九	初八	初七	初六	初五
戊辰	丁卯	丙寅	乙丑	甲子
木	火	火	金	金
閉	開	收	成	危
★	宜	宜	宜	宜
諸事不宜	**宜**祭祀	**宜**出行、納采、問名、嫁娶、移徙、解除、豎柱上樑、立券、交易、納財 **忌**祭祀、修造動土、破土	**宜**祭祀、祈福、出行、納采、問名、嫁娶、解除、修造動土、豎柱上樑、開市、立券、交易、納財、安葬 **忌**移徙	**宜**入宅 **忌**祈福、出行、納采、問名、嫁娶、移徙、安床、解除、修造動土、豎柱上樑、開市、立券、交易、納財
房床栖 外正南	倉庫門 外正南	廚灶爐 外正南	碓磨廁 外東南	占門碓 外東南
沖狗 40歲 煞南	沖雞 41歲 煞西	沖猴 42歲 煞北	沖羊 43歲 煞東	沖馬 44歲 煞南

21	小滿	22	23	24	25
五期星		六期星	日期星	一期星	二期星
		月德 勿探病	天德		純陽祖師聖誕
初十	寅時 03時37分	十一	十二	十三	十四
己巳		庚午	辛未	壬申	癸酉
木		土	土	金	金
建		除	滿	平	定
★		宜	宜	宜	宜
日逢受死日，不宜諸吉事	**斗指甲為小滿，萬物長於此少得盈滿，麥至此方，小滿而未全熟，故名。節氣諺語：小滿櫃，芒種穗。** 水稻在小滿前後開始含苞，到芒種左右會吐穗開花。	**宜** 祭祀、祈福、出行、納采、問名、嫁娶、移徙、解除、修造動土、豎柱上樑、破土、安葬	**宜** 祭祀 **忌** 出行、納采、問名、嫁娶、移徙	**宜** 祭祀 **忌** 祈福、出行、安床、解除、修造動土、豎柱上樑	**宜** 出行、納采、問名、嫁娶、移徙、修造動土、豎柱上樑、開市、立券、交易、納財、破土、安葬、入宅 **忌** 解除
占門床 外正南		占碓磨 外正南	廚灶廁 外西南	倉庫爐 外西南	房床門 外西南
沖豬 39歲 煞東		沖鼠 38歲 煞北	沖牛 37歲 煞西	沖虎 36歲 煞南	沖兔 35歲 煞東

辛丑年每日宜忌

31	30	29	28	27	26
一期星	日期星	六期星	五期星	四期星	三期星
刀砧日 勿探病	刀砧日		天德合	月德合	
二十	十九	十八	十七	十六	十五
己卯	戊寅	丁丑	丙子	乙亥	甲戌
土	土	水	水	火	火
開	收	成	危	破	執
宜	★	宜	宜	宜	宜
宜祭祀 **忌**修造動土、破土、安葬、啟攢	**忌**祭祀、祈福、出行、納采、問名、嫁娶、移徙、安床、解除、修造動土、豎柱上樑、開市、立券、交易、納財、破土、安葬、啟攢	**宜**出行、納采、問名、修造動土、豎柱上樑、開市、立券、交易、納財 **忌**嫁娶、移徙	**宜**祭祀、祈福、出行、移徙、安床、解除、修造動土、豎柱上樑、入宅 **忌**納采、問名、嫁娶、安葬	**宜**祭祀、解除 **忌**祈福、出行、納采、問名、嫁娶、移徙、安床、修造動土、豎柱上樑、開市、立券、交易、納財、破土、安葬、啟攢	**宜**嫁娶、解除 **忌**出行、開市、立券、交易、納財
占大門 外正西	房床爐 外正西	倉庫廁 外正西	廚灶碓 外西南	碓磨床 外西南	門碓栖 外西南
沖雞 29歲 煞西	沖猴 30歲 煞北	沖羊 31歲 煞東	沖馬 32歲 煞南	沖蛇 33歲 煞西	沖龍 34歲 煞北

二〇二一年 國曆六月小	1	2	3	4	5
	星期二	星期三	星期四	星期五	星期六
	托塔天王聖誕 月德	天德	勿探病		
農曆五月 甲午 蒲月 煞北方	廿一	廿二	廿三	廿四	廿五
	庚辰	辛巳	壬午	癸未	甲申
	金	金	木	木	水
	閉	建	除	滿	滿平
	宜	★	宜	宜	宜
端陽有雨是豐年，芒種聞雷美亦然 夏至風從西北起，瓜蔬園內受熬煎	**宜** 祭祀、入宅 **忌** 祈福、出行、納采、問名、嫁娶、移徙、安床、解除、修造動土、豎柱上樑、開市、立券、交易、納財、破土、安葬、啟攢	**日逢受死日，不宜諸吉事**	**宜** 祭祀、祈福、出行、解除、破土、安葬、入宅	**宜** 祭祀 **忌** 祈福、出行、納采、問名、嫁娶、移徙、安床、解除、修造動土、豎柱上樑、開市、立券、交易、納財、破土、安葬、啟攢	**宜** 祭祀、祈福、出行、嫁娶、移徙、解除、開市、納財、破土、安葬、入宅 **忌** 納采、問名、安床、立券、交易
每日胎神占方	碓磨栖 外正西	廚灶床 外正西	倉庫碓 外西北	房床廁 外西北	占門爐 外西北
每日沖煞年齡	沖狗 28歲 煞南	沖豬 27歲 煞東	沖鼠 26歲 煞北	沖牛 25歲 煞西	沖虎 24歲 煞南

芒種

酉時 18時52分

斗指巳為芒種，此時可有種芒之穀，過此即失效，故名芒種。

節氣諺語：芒種蝶仔討無食。

指芒種前後，百花花期已過，蝴蝶無花粉可採。

6	7	8	9	10
日期星	**一期星**	**二期星**	**三期星**	**四期星**
神農大帝聖誕	范五王爺千秋 月德			
廿六	**廿七**	**廿八**	**廿九**	**五月**
乙酉	丙戌	丁亥	戊子	己丑
水	土	土	火	火
平	定	執	破	危
★	**宜**	**宜**	★	**宜**
忌祈福、出行、納采、問名、嫁娶、移徙、安床、解除、修造動土、豎柱上樑、開市、立券、交易、納財、破土、安葬、啟攢	**宜**祭祀、祈福、出行、納采、問名、嫁娶、移徙、解除、修造動土、豎柱上樑、立券、交易、納財、入宅	**宜**祭祀 **忌**祈福、出行、納采、問名、嫁娶、移徙、安床、解除、修造動土、豎柱上樑、開市、立券、交易、納財、破土、安葬、啟攢	**日逢受死日，不宜諸吉事**	**宜**祭祀 **忌**祈福、出行、納采、問名、嫁娶、移徙、安床、解除、修造動土、豎柱上樑、開市、立券、交易、納財、破土、安葬、啟攢
碓磨門 外西北	廚灶棲 外西北	倉庫床 外西北	房床碓 外正北	占門廁 外正北
沖兔 23歲 煞東	沖龍 22歲 煞北	沖蛇 21歲 煞西	沖馬 20歲 煞南	沖羊 19歲 煞東

辛丑年每日宜忌

辛丑年每日宜忌

11	12	13	14	15	16
星期五	星期六	星期日	星期一	星期二	星期三
刀砧日	月德合 刀砧日		端午節	清水祖師 成道日 天赦日	巧聖先師 聖誕
初二	**初三**	**初四**	**初五**	**初六**	**初七**
庚寅	辛卯	壬辰	癸巳	甲午	乙未
木	木	水	水	金	金
成	收	開	閉	建	除
宜	**宜**	**宜**	**宜**	**宜**	**宜**
宜出行、納采、問名、嫁娶、修造動土、豎柱上樑、開市、立券、交易、納財、破土、啟攢 **忌**祭祀、移徙	**宜**祭祀 **忌**出行、嫁娶、移徙	**宜**祭祀、祈福、出行、納采、問名、移徙、解除、修造動土、豎柱上樑、入宅 **忌**開市、立券、交易、納財	**宜**入宅 **忌**祈福、出行、納采、問名、嫁娶、移徙、安床、解除、修造動土、豎柱上樑、開市、破土、安葬、啟攢	**宜**祭祀 **忌**祈福、出行、納采、問名、嫁娶、移徙、安床、解除、修造動土、豎柱上樑、開市、立券、交易、納財、破土、安葬、啟攢	**宜**出行、嫁娶、解除、立券、交易、納財、安葬、入宅
碓磨爐 外正北	廚灶門 外正北	倉庫栖 外正北	占房床 房內北	占門碓 房內北	碓磨廁 房內北
沖猴 18歲 煞北	沖雞 17歲 煞西	沖狗 16歲 煞南	沖豬 15歲 煞東	沖鼠 14歲 煞北	沖牛 13歲 煞西

辛丑年每日宜忌

夏至	21	20	19	18	17
	星期一	星期日	星期六	星期五	星期四
		天下都城隍千秋			月德
午時 11時32分	十二	十一	初十	初九	初八
	庚子	己亥	戊戌	丁酉	丙申
	土	木	木	火	火
	破	執	定	平	滿
	★	宜	宜	★	宜
斗指乙為夏至，萬物於此皆長大而極至，時夏將至，故名。 **節氣諺語：夏至，風颱就出世。** 指夏至後，台灣就開始進入颱風季節。	**日逢受死日，不宜諸吉事**	**宜**祭祀 **忌**祈福、出行、納采、問名、嫁娶、移徙、安床、解除、修造動土、豎柱上樑、開市、立券、交易、納財、破土、安葬、啟攢	**宜**祭祀、祈福、出行、納采、問名、嫁娶、移徙、修造動土、豎柱上樑、立券、交易、納財、入宅 **忌**解除	**忌**祈福、出行、納采、問名、嫁娶、移徙、安床、解除、修造動土、豎柱上樑、開市、立券、交易、納財、破土、安葬、啟攢	**宜**祭祀、祈福、出行、納采、問名、嫁娶、移徙、解除、修造動土、豎柱上樑、開市、立券、交易、納財、破土、安葬、入宅 **忌**安床
	占碓磨 房內南	占門床 房內南	房床栖 房內南	倉庫門 房內北	廚灶爐 房內北
	沖馬 8歲 煞南	沖蛇 9歲 煞西	沖龍 10歲 煞北	沖兔 11歲 煞東	沖虎 12歲 煞南

辛丑年每日宜忌

26	25	24	23	22
六期星	**五期星**	**四期星**	**三期星**	**二期星**
蕭府王爺千秋		刀砧日	刀砧日 勿探病	霞海城隍千秋 月德合
十七	**十六**	**十五**	**十四**	**十三**
乙巳	甲辰	癸卯	壬寅	辛丑
火	火	金	金	土
閉	開	收	成	危
★	**宜**	**宜**	**宜**	**宜**
忌祈福、出行、納采、問名、嫁娶、移徙、安床、解除、修造動土、豎柱上樑、開市、破土、安葬、啟攢	**宜**祭祀、祈福、出行、納采、問名、移徙、解除、豎柱上樑、入宅 **忌**修造動土、開市、立券、交易、納財、破土	**宜**祭祀 **忌**祈福、出行、納采、問名、嫁娶、移徙、安床、解除、修造動土、豎柱上樑、開市、立券、交易、納財、破土、安葬、啟攢	**宜**出行、納采、問名、嫁娶、修造動土、豎柱上樑、開市、立券、交易、納財、破土、啟攢 **忌**祭祀、移徙	**宜**祭祀
碓磨床 房內東	門雞栖 房內東	房床門 房內南	倉庫爐 房內南	廚灶廁 房內南
沖豬 3歲 煞東	沖狗 4歲 煞南	沖雞 5歲 煞西	沖猴 6歲 煞北	沖羊 7歲 煞東

辛丑年每日宜忌

30	29	28	27
三期星	二期星	一期星	日期星
			張天師聖誕 月德
廿一	二十	十九	十八
己酉	戊申	丁未	丙午
土	土	水	水
平	滿	除	建
宜	宜	宜	★
宜祭祀 **忌**祈福、出行、納采、問名、嫁娶、移徙、安床、解除、修造動土、豎柱上樑、開市、立券、交易、納財、破土、安葬、啟攢	**宜**祭祀、祈福、出行、嫁娶、移徙、解除、修造動土、豎柱上樑、開市、納財、入宅 **忌**納采、問名、安床、立券、交易	**宜**祭祀、祈福、出行、納采、問名、嫁娶、移徙、安床、解除、修造動土、豎柱上樑、開市、立券、交易、納財、入宅	**諸事不宜**
占大門外東北	房床爐房內東	倉庫廁房內東	廚灶碓房內東
沖兔59歲煞東	沖虎60歲煞南	沖牛1歲煞西	沖鼠2歲煞北

二〇二一年 國曆七月大	1	2	3	4	5
	星期四	星期五	星期六	星期日	星期一
		月德合			刀砧日 勿探病
農曆六月 乙未 巧月 煞南方 小暑之中逢酷熱，五穀田中多不結 大暑若不見災厄，定主三冬多雨雪	廿二	廿三	廿四	廿五	廿六
	庚戌	辛亥	壬子	癸丑	甲寅
	金	金	木	木	水
	定	執	破	危	成
	宜	宜	★	宜	宜
	宜祭祀、祈福、出行、納采、問名、嫁娶、修造動土、豎柱上樑、立券、交易、納財、入宅 **忌**解除	**宜**祭祀、入宅 **忌**嫁娶、開市、立券、交易、納財	**日逢受死日，不宜諸吉事**	**宜**祭祀 **忌**祈福、出行、納采、問名、嫁娶、移徙、安床、解除、修造動土、豎柱上樑、開市、立券、交易、納財、破土、安葬、啟攢	**宜**出行、修造動土、豎柱上樑、開市、立券、交易、納財、破土、安葬、啟攢 **忌**祭祀、納采、問名、嫁娶、移徙
每日胎神占方	碓磨栖 外東北	廚灶床 外東北	倉庫碓 外東北	房床廁 外東北	占門爐 外東北
每日沖煞年齡	沖龍 58歲 煞北	沖蛇 57歲 煞西	沖馬 56歲 煞南	沖羊 55歲 煞東	沖猴 54歲 煞北

6	7	小暑	8	9
二期星	三期星		四期星	五期星
刀砧日勿探病				
廿七	廿八	卯時 05時05分	廿九	三十
乙卯	丙辰		丁巳	戊午
水	土		土	火
收	收開		開	閉
宜	宜		★	★
宜祭祀 **忌**祈福、出行、納采、問名、嫁娶、移徙、安床、解除、修造動土、豎柱上樑、開市、立券、交易、納財、破土、安葬、啟攢	**宜**祭祀、納財 **忌**祈福、出行、納采、問名、嫁娶、移徙、安床、解除、修造動土、豎柱上樑、開市、立券、交易、破土、安葬、啟攢	斗指辛為小暑，斯時天氣已熱，尚未達於極點，故名小暑。節氣諺語：小暑過，一日熱三分。指小暑過後，天氣會一天比一天熱。	**諸事不宜**	**日逢受死日，不宜諸吉事**
碓磨門外正東	廚灶栖外正東		倉庫床外正東	房床碓外正東
沖雞53歲煞西	沖狗52歲煞南		沖豬51歲煞東	沖鼠50歲煞北

辛丑年每日宜忌

15	14	13	12	11	10
四期星	**三期星**	**二期星**	**一期星**	**日期星**	**六期星**
天德 月德			韋陀尊者聖誕	初伏	天德合 月德合
初六	**初五**	**初四**	**初三**	**初二**	**六月**
甲子	癸亥	壬戌	辛酉	庚申	己未
金	水	水	木	木	火
執	定	平	滿	除	建
宜	★	★	**宜**	**宜**	**宜**
宜祭祀、祈福、出行、納采、問名、嫁娶、解除、修造動土、豎柱上樑、安葬 **忌**移徙	**忌**祈福、出行、納采、問名、嫁娶、移徙、安床、解除、修造動土、豎柱上樑、開市、立券、交易、納財、破土、安葬、啟攢	**諸事不宜**	**宜**祭祀 **忌**祈福、出行、納采、問名、嫁娶、移徙、安床、解除、修造動土、豎柱上樑、開市、立券、交易、納財、破土、安葬、啟攢	**宜**祭祀、入宅 **忌**出行、納采、問名、嫁娶、移徙、安床、修造動土、豎柱上樑、開市、立券、交易、納財	**宜**祭祀、出行、移徙、納財 **忌**祈福、納采、問名、嫁娶、解除、修造動土、豎柱上樑、破土、安葬、啟攢
占門碓 外東南	占房床 外東南	倉庫栖 外東南	廚灶門 外東南	碓磨爐 外東南	占門廁 外正東
沖馬 44歲 煞南	沖蛇 45歲 煞西	沖龍 46歲 煞北	沖兔 47歲 煞東	沖虎 48歲 煞南	沖牛 49歲 煞西

辛丑年每日宜忌

21	20	19	18	17	16
星期三	**星期二**	**星期一**	**星期日**	**星期六**	**星期五**
中伏 勿探病	田都元帥 千秋 天德合 月德合		刀砧日	刀砧日	
十二	**十一**	**初十**	**初九**	**初八**	**初七**
庚午	己巳	戊辰	丁卯	丙寅	乙丑
土	木	木	火	火	金
閉	開	收	成	危	破
★	**宜**	**宜**	**宜**	**宜**	★
日逢受死日，不宜諸吉事	**宜** 祭祀、入宅 **忌** 祈福、出行、納采、問名、嫁娶、移徙、安床、解除、修造動土、豎柱上樑、開市、立券、交易、納財、破土、安葬、啟攢	**宜** 祭祀、納財 **忌** 祈福、出行、納采、問名、嫁娶、移徙、安床、解除、修造動土、豎柱上樑、開市、立券、交易、破土、安葬、啟攢	**宜** 出行、納采、問名、嫁娶、移徙、修造動土、豎柱上樑、開市、立券、交易、納財、破土、啟攢、入宅	**宜** 開市、立券、交易、納財、破土、安葬、啟攢、入宅 **忌** 祭祀、祈福、解除	**諸事不宜**
占碓磨 外正南	占門床 外正南	房床栖 外正南	倉庫門 外正南	廚灶爐 外正南	碓磨廁 外東南
沖鼠 歲38 煞北	沖豬 歲39 煞東	沖狗 歲40 煞南	沖雞 歲41 煞西	沖猴 歲42 煞北	沖羊 歲43 煞東

22		23	24	25
四期星	**大暑**	五期星	六期星	日期星
			先天王靈官聖誕	天德 月德
十三	亥時 22時26分	十四	十五	十六
辛未		壬申	癸酉	甲戌
土		金	金	火
建		除	滿	平
宜		宜	宜	宜
宜祭祀、祈福、出行、納采、問名、移徙、解除、豎柱上樑、納財、入宅 **忌**修造動土、破土	**斗指丙為大暑，斯時天氣甚熱於小暑，故名大暑。** **節氣諺語：大暑熱不透，大水風颱到。** 大暑這天如果天氣不熱，表氣候不順，容易有水災、颱風等災害。	**宜**祭祀 **忌**出行、納采、問名、移徙、安床、修造動土、豎柱上樑、開市、立券、交易、納財	**宜**祭祀 **忌**祈福、出行、納采、問名、嫁娶、移徙、安床、解除、修造動土、豎柱上樑、開市、立券、交易、納財、破土、安葬、啟攢	**宜**祭祀 **忌**祈福、出行、納采、問名、嫁娶、移徙、安床、解除、修造動土、豎柱上樑、開市、立券、交易、納財、破土、安葬、啟攢
廚灶廁 外西南		倉庫爐 外西南	房床門 外西南	門碓棲 外西南
沖牛 37歲 煞西		沖虎 36歲 煞南	沖兔 35歲 煞東	沖龍 34歲 煞北

辛丑年每日宜忌

31	30	29	28	27	26
六期星	五期星	四期星	三期星	二期星	一期星
	天德合 月德合 刀砧日 勿探病	刀砧日	觀世音菩薩成道日		
廿二	廿一	二十	十九	十八	十七
庚辰	己卯	戊寅	丁丑	丙子	乙亥
金	土	土	水	水	火
收	成	危	破	執	定
宜	宜	宜	★	★	宜
宜祭祀、納財 **忌**祈福、出行、納采、問名、嫁娶、移徙、安床、解除、修造動土、豎柱上樑、開市、立券、交易、破土、安葬、啟攢	**宜**祭祀、祈福、出行、納采、問名、嫁娶、移徙、安床、解除、修造動土、豎柱上樑、開市、立券、交易、納財、入宅	**宜**出行、納采、問名、移徙、安床、修造動土、豎柱上樑、開市、立券、交易、納財、入宅 **忌**祭祀、祈福、解除	**諸事不宜**	**忌**祈福、出行、納采、問名、嫁娶、移徙、安床、解除、修造動土、豎柱上樑、開市、立券、交易、納財、破土、安葬、啟攢	**宜**納采、問名、修造動土、豎柱上樑、立券、交易、納財、入宅 **忌**嫁娶、解除、破土、安葬、啟攢
碓磨栖 外正西	占大門 外正西	房床爐 外正西	倉庫廁 外正西	廚灶碓 外西南	碓磨床 外西南
沖狗 28歲 煞南	沖雞 29歲 煞西	沖猴 30歲 煞北	沖羊 31歲 煞東	沖馬 32歲 煞南	沖蛇 33歲 煞西

二〇二一年 國曆八月大	1	2	3	4	5
	日期星	一期星	二期星	三期星	四期星
		關聖帝君聖誕 勿探病		天德 月德	
農曆七月 丙申 巧月 煞南方 立秋無雨是堪憂，萬物從來只半收 處暑若逢天下雨，縱然結實也難留	廿三	廿四	廿五	廿六	廿七
	辛巳	壬午	癸未	甲申	乙酉
	金	木	木	水	水
	開	閉	建	除	滿
	宜	★	宜	宜	宜
	宜祭祀 **忌**祈福、出行、納采、問名、嫁娶、移徙、安床、解除、修造動土、豎柱上樑、開市、立券、交易、納財、破土、安葬、啟攢	**日逢受死日，不宜諸吉事**	**宜**祭祀、出行、嫁娶 **忌**祈福、納采、問名、解除、修造動土、豎柱上樑、破土、安葬、啟攢	**宜**祭祀、祈福、納采、問名、嫁娶、移徙、解除、修造動土、豎柱上樑、破土、安葬、入宅 **忌**出行、安床	**宜**祭祀 **忌**祈福、出行、納采、問名、嫁娶、移徙、安床、解除、修造動土、豎柱上樑、開市、立券、交易、納財、破土、安葬、啟攢
每日胎神占方	廚灶床 外正西	倉庫碓 外西北	房床廁 外西北	占門爐 外西北	碓磨門 外西北
每日沖煞年齡	沖豬 27歲 煞東	沖鼠 26歲 煞北	沖牛 25歲 煞西	沖虎 24歲 煞南	沖兔 23歲 煞東

6	7	立秋	8	9	10
星期五	星期六		星期日	星期一	星期二
	月德合		天德合		末伏
廿八	廿九	未時 14時54分	七月	初二	初三
丙戌	丁亥		戊子	己丑	庚寅
土	土		火	火	木
平	平定		定	執	破
★	宜		宜	★	★
諸事不宜	**宜** 祭祀、出行、納采、問名、移徙、豎柱上樑 **忌** 祈福、嫁娶、解除、修造動土、破土	**斗指西南維為立秋，陰意出地始殺萬物，按秋訓禾，穀熟。** **節氣諺語：六月秋，快溜溜，七月秋，秋後油。**指如果立秋在農曆六月，漁業作業期會提早結束，如果落在七月，表示天氣穩定，漁業會較晚結束。	**宜** 祭祀、祈福、出行、納采、問名、嫁娶、移徙、解除、修造動土、豎柱上樑、開市、立券、交易、納財、安葬、入宅	**日逢受死日，不宜諸吉事**	**諸事不宜**
廚灶栖 外西北	倉庫床 外西北		房床碓 外正北	占門廁 外正北	碓磨爐 外正北
沖龍 22歲 煞北	沖蛇 21歲 煞西		沖馬 20歲 煞南	沖羊 19歲 煞東	沖猴 18歲 煞北

15	14	13	12	11
星期日	**星期六**	**星期五**	**星期四**	**星期三**
	七星娘娘千秋 刀砧日	天德 刀砧日	月德	
初八	**初七**	**初六**	**初五**	**初四**
乙未	甲午	癸巳	壬辰	辛卯
金	金	水	水	木
閉	開	收	成	危
★	**宜**	**宜**	**宜**	**宜**
諸事不宜	**宜** 祭祀 **忌** 納采、問名、安床	**宜** 祭祀、祈福、納采、問名、嫁娶、移徙、解除、修造動土、豎柱上樑、開市、立券、交易、納財、入宅 **忌** 出行	**宜** 祭祀、祈福、解除、修造動土、豎柱上樑、開市、立券、交易、納財、安葬 **忌** 出行、納采、問名、嫁娶、移徙	**宜** 祭祀、啟攢、入宅 **忌** 祈福、出行、納采、問名、嫁娶、移徙、安床、解除、修造動土、豎柱上樑、開市、立券、交易、納財、破土
碓磨廁 房內北	占門碓 房內北	占房床 房內北	倉庫栖 外正北	廚灶門 外正北
沖牛13歲煞西	沖鼠14歲煞北	沖豬15歲煞東	沖狗16歲煞南	沖雞17歲煞西

辛丑年每日宜忌

21	20	19	18	17	16
六期星	五期星	四期星	三期星	二期星	一期星
	大勢至菩薩聖誕		天德合	月德合	
十四	十三	十二	十一	初十	初九
辛丑	庚子	己亥	戊戌	丁酉	丙申
土	土	木	木	火	火
執	定	平	滿	除	建
★	宜	宜	宜	宜	宜
日逢受死日，不宜諸吉事	**宜**祭祀、祈福、出行、移徙、修造動土、豎柱上樑、開市、立券、交易、納財、入宅 **忌**納采、問名、嫁娶、解除、破土、安葬、啟攢	**宜**祭祀 **忌**祈福、出行、納采、問名、嫁娶、移徙、安床、解除、修造動土、豎柱上樑、開市、立券、交易、納財、破土、安葬、啟攢	**宜**出行、納采、問名、嫁娶、移徙、解除、修造動土、豎柱上樑、開市、立券、交易、納財、安葬 **忌**祭祀	**宜**祭祀、祈福、納采、問名、解除、修造動土、豎柱上樑、破土、安葬 **忌**出行、嫁娶、移徙	**宜**出行、納財 **忌**祈福、納采、問名、安床、解除、修造動土、豎柱上樑、立券、交易、破土、安葬、啟攢
廚灶廁 房內南	占碓磨 房內南	占門床 房內南	房床棲 房內南	倉庫門 房內北	廚灶爐 房內北
沖羊 7歲 煞東	沖馬 8歲 煞南	沖蛇 9歲 煞西	沖龍 10歲 煞北	沖兔 11歲 煞東	沖虎 12歲 煞南

22	23	處暑	24	25
日期星	一期星		二期星	三期星
地官聖誕 月德 勿探病	天德			瑤池金母 聖誕 刀砧日
十五	十六	卯時 05時35分	十七	十八
壬寅	癸卯		甲辰	乙巳
金	金		火	火
破	危		成	收
★	宜		宜	宜
忌祭祀、祈福、出行、納采、問名、嫁娶、移徙、安床、解除、修造動土、豎柱上樑、開市、立券、交易、納財、破土、安葬、啟攢	**宜**祭祀、祈福、出行、納采、問名、嫁娶、移徙、安床、解除、豎柱上樑、立券、交易、納財、安葬、啟攢、入宅 **忌**修造動土、破土	**斗指戊為處暑，暑將退，伏而潛處，故名。** **節氣諺語：處暑，會曝死老鼠。** 指雖然已經進入秋天，但此時天氣還是會酷熱，所謂的秋老虎。	**宜**祭祀、入宅 **忌**祈福、出行、納采、問名、嫁娶、移徙、安床、解除、修造動土、豎柱上樑、開市、立券、交易、納財、破土、安葬、啟攢	**宜**嫁娶、開市、立券、交易、納財 **忌**出行
倉庫爐 房內南	房床門 房內南		門雞栖 房內東	碓磨床 房內東
沖猴 6歲 煞北	沖雞 5歲 煞西		沖狗 4歲 煞南	沖豬 3歲 煞東

辛丑年每日宜忌

31	30	29	28	27	26
星期二	星期一	星期日	星期六	星期五	星期四
延平邵王千秋	諸葛武侯千秋		天德合 天赦日	月德合	值年太歲星君千秋 刀砧日
廿四	廿三	廿二	廿一	二十	十九
辛亥	庚戌	己酉	戊申	丁未	丙午
金	金	土	土	水	水
平	滿	除	建	閉	開
宜	★	宜	宜	宜	宜
宜 祭祀 **忌** 祈福、出行、納采、問名、嫁娶、移徙、安床、解除、修造動土、豎柱上樑、開市、立券、交易、納財、破土、安葬、啟攢	**忌** 祭祀、納采、問名、嫁娶、開市、立券、交易、納財、破土、安葬、啟攢	**宜** 解除、破土、安葬 **忌** 出行、納采、問名、嫁娶、移徙、立券、交易、	**宜** 祭祀、祈福、出行、納采、問名、嫁娶、移徙、解除、豎柱上樑、納財、安葬	**宜** 祭祀 **忌** 祈福、出行、納采、問名、嫁娶、移徙、安床、解除、修造動土、豎柱上樑、開市、立券、交易、納財、破土、安葬、啟攢	**宜** 祭祀 **忌** 納采、問名、嫁娶
廚灶床 外東北	碓磨栖 外東北	占大門 外東北	房床爐 房內東	倉庫廁 房內東	廚灶碓 房內東
沖蛇 57歲 煞西	沖龍 58歲 煞北	沖兔 59歲 煞東	沖虎 60歲 煞南	沖牛 1歲 煞西	沖鼠 2歲 煞北

二〇二一年 國曆九月小	1	2	3	4	5
	星期三	星期四	星期五	星期六	星期日
	月德	天德	勿探病	勿探病	
農曆八月 丁酉 桂月 煞東方	廿五	廿六	廿七	廿八	廿九
	壬子	癸丑	甲寅	乙卯	丙辰
	木	木	水	水	土
	定	執	破	危	成
	宜	★	★	★	**宜**
秋分天氣白雲多，處處歡歌好晚禾 只怕此時雷電閃，冬來米價到如何	**宜**祭祀、祈福、出行、納采、問名、嫁娶、移徙、解除、修造動土、豎柱上樑、開市、立券、交易、納財、破土、安葬、啟攢、入宅	**日逢受死日，不宜諸吉事**	**諸事不宜**	**諸事不宜**	**宜**祭祀、入宅 **忌**祈福、出行、納采、問名、嫁娶、移徙、安床、解除、修造動土、豎柱上樑、開市、立券、交易、納財、破土、安葬、啟攢
每日胎神占方	倉庫碓 外東北	房床廁 外東北	占門爐 外東北	碓磨門 外正東	廚灶栖 外正東
每日沖煞年齡	沖馬 56歲 煞南	沖羊 55歲 煞東	沖猴 54歲 煞北	沖雞 53歲 煞西	沖狗 52歲 煞南

10	9	8	白露	7	6
五期星	四期星	三期星		二期星	一期星
	北斗星君聖誕 月德			刀砧日	地藏王菩薩聖誕 月德合 刀砧日
初四	初三	初二	酉時 17時53分	八月	三十
辛酉	庚申	己未		戊午	丁巳
木	木	火		火	土
建	閉	開		收開	收
宜	宜	★		宜	宜
宜祭祀 **忌**祈福、出行、納采、問名、嫁娶、移徙、安床、解除、修造動土、豎柱上樑、開市、立券、交易、納財、破土、安葬、啟攢	**宜**祭祀、立券、交易、納財、破土、安葬 **忌**祈福、納采、問名、嫁娶、安床、解除	**日逢受死日，不宜諸吉事**	**斗指癸為白露，陰氣漸重，露凝而白，故名白露。節氣諺語：白露水，卡毒鬼。**白露雨水性毒，一方面也指天氣變冷，露水冷冽，不利作物生長。	**宜**祭祀 **忌**祈福、出行、納采、問名、嫁娶、移徙、安床、解除、修造動土、豎柱上樑、開市、立券、交易、納財、破土、安葬、啟攢	**宜**祭祀、祈福、納采、問名、嫁娶、移徙、解除 **忌**出行、修造動土、破土
廚灶門 外東南	碓磨爐 外東南	占門廁 外正東		房床碓 外正東	倉庫床 外正東
沖兔 47歲 煞東	沖虎 48歲 煞南	沖牛 49歲 煞西		沖鼠 50歲 煞北	沖豬 51歲 煞東

15	14	13	12	11
星期三	星期二	星期一	星期日	星期六
	月德合			雷聲普化天尊聖誕
初九	初八	初七	初六	初五
丙寅	乙丑	甲子	癸亥	壬戌
火	金	金	水	水
執	定	平	滿	除
★	宜	宜	宜	宜
忌 祭祀、祈福、出行、納采、問名、嫁娶、移徙、安床、解除、修造動土、豎柱上樑、開市、立券、交易、納財、破土、安葬、啟攢	**宜** 祭祀、祈福、出行、納采、問名、嫁娶、移徙、解除、修造動土、豎柱上樑、立券、交易、納財、安葬、入宅	**宜** 祭祀 **忌** 祈福、出行、納采、問名、嫁娶、移徙、安床、解除、修造動土、豎柱上樑、開市、立券、交易、納財、破土、安葬、啟攢	**宜** 祭祀、解除 **忌** 嫁娶、破土、安葬、啟攢	**宜** 祭祀、出行、移徙、解除、修造動土、豎柱上樑、入宅 **忌** 祈福、納采、問名、嫁娶、開市、立券、交易、納財、破土、安葬、啟攢
廚灶爐外正南	碓磨廁外東南	占門碓外東南	占房床外東南	倉庫栖外東南
沖猴42歲煞北	沖羊43歲煞東	沖馬44歲煞南	沖蛇45歲煞西	沖龍46歲煞北

辛丑年每日宜忌

21	20	19	18	17	16
二期星	**一期星**	**日期星**	**六期星**	**五期星**	**四期星**
中秋節 臨水夫人千秋		月德 刀砧日 勿探病	刀砧日	秋社日	
十五	**十四**	**十三**	**十二**	**十一**	**初十**
壬申	辛未	庚午	己巳	戊辰	丁卯
金	土	土	木	木	火
閉	開	收	成	危	破
宜	★	**宜**	**宜**	**宜**	★
宜祭祀、納財、破土、安葬 **忌**祈福、出行、納采、問名、嫁娶、移徙、安床、解除、修造動土、豎柱上樑、開市、立券、交易	**日逢受死日，不宜諸吉事**	**宜**祭祀 **忌**出行	**宜**祭祀、祈福、納采、問名、嫁娶、移徙、修造動土、豎柱上樑、開市、立券、交易、納財、入宅 **忌**出行、破土、安葬、啟攢	**宜**入宅 **忌**祈福、出行、納采、問名、嫁娶、移徙、安床、解除、修造動土、豎柱上樑	**諸事不宜**
倉庫爐 外西南	廚灶廁 外西南	占碓磨 外正南	占門床 外正南	房床栖 外正南	倉庫門 外正南
沖虎 36歲 煞南	沖牛 37歲 煞西	沖鼠 38歲 煞北	沖豬 39歲 煞東	沖狗 40歲 煞南	沖雞 41歲 煞西

22	23	秋分	24	25
三期星	四期星		五期星	六期星
			九天玄女 千秋 月德合	
十六	十七	寅時 03時21分	十八	十九
癸酉	甲戌		乙亥	丙子
金	火		火	水
建	除		滿	平
宜	宜		宜	宜
宜 祭祀 **忌** 祈福、出行、納采、問名、嫁娶、移徙、安床、解除、修造動土、豎柱上樑、開市、立券、交易、納財、破土、安葬、啟攢	**宜** 祭祀、出行、解除 **忌** 祈福、納采、問名、嫁娶、開市、立券、交易、納財、破土、安葬、啟攢	**斗指已為秋分，南北兩半球晝夜均分，又適當秋之半，故名。** **節氣諺語：月半看田頭。** 指這時期稻作生長的好壞已可以看見。	**宜** 祭祀、祈福、出行、納采、問名、移徙、解除、修造動土、豎柱上樑、開市、立券、交易、納財、入宅 **忌** 嫁娶	**宜** 祭祀 **忌** 祈福、出行、納采、問名、嫁娶、移徙、安床、解除、修造動土、豎柱上樑、開市、立券、交易、納財、破土、安葬、啟攢
房床門 外西南	門碓棲 外西南		碓磨床 外西南	廚灶碓 外西南
沖兔 35歲 煞東	沖龍 34歲 煞北		沖蛇 33歲 煞西	沖馬 32歲 煞南

辛丑年每日宜忌

30	29	28	27	26
四期星	三期星	二期星	一期星	日期星
刀砧日	月德	廣澤尊王聖誕 勿探病		
廿四	廿三	廿二	廿一	二十
辛巳	庚辰	己卯	戊寅	丁丑
金	金	土	土	水
成	危	破	執	定
宜	宜	★	★	宜
宜祭祀、祈福、納采、問名、嫁娶、移徙、修造動土、豎柱上樑、開市、立券、交易、納財、入宅 **忌**出行、破土、安葬、啟攢	**宜**祭祀、祈福、出行、納采、問名、嫁娶、移徙、安床、解除、修造動土、豎柱上樑、開市、立券、交易、納財、安葬、入宅	**諸事不宜**	**忌**祭祀、祈福、出行、納采、問名、嫁娶、移徙、安床、解除、修造動土、豎柱上樑、開市、立券、交易、納財、破土、安葬、啟攢	**宜**納采、問名、嫁娶、修造動土、豎柱上樑、立券、交易、納財、入宅 **忌**解除
廚灶床 外正西	碓磨栖 外正西	占大門 外正西	房床爐 外正西	倉庫廁 外正西
沖豬 27歲 煞東	沖狗 28歲 煞南	沖雞 29歲 煞西	沖猴 30歲 煞北	沖羊 31歲 煞東

二〇二一年國曆十月大	1	2	3	4	5
	五期星	六期星	日期星	一期星	二期星
	刀砧日 勿探病			月德合	
農曆九月 戊戌 菊月 煞北方 寒露飛霜侵損民，重陽無雨一冬晴 霜降火色人多病，更遇雷聲菜價增	廿五	廿六	廿七	廿八	廿九
	壬午	癸未	甲申	乙酉	丙戌
	木	木	水	水	土
	收	開	閉	建	除
	宜	★	宜	宜	宜
	宜 祭祀 **忌** 祈福、出行、納采、問名、嫁娶、移徙、安床、解除、修造動土、豎柱上樑、開市、立券、交易、納財、破土、安葬、啟攢	**日逢受死日，不宜諸吉事**	**宜** 祭祀、納財、破土、安葬 **忌** 祈福、出行、納采、問名、嫁娶、移徙、安床、解除、修造動土、豎柱上樑、開市、立券、交易	**宜** 祭祀 **忌** 修造動土、破土	**宜** 祭祀、出行、解除 **忌** 祈福、納采、問名、嫁娶、開市、立券、交易、納財、破土、安葬、啟攢
每日胎神占方	倉庫碓 外西北	房床廁 外西北	占門爐 外西北	碓磨門 外西北	廚灶棲 外西北
每日沖煞年齡	沖鼠 26歲 煞北	沖牛 25歲 煞西	沖虎 24歲 煞南	沖兔 23歲 煞東	沖龍 22歲 煞北

6	7	8	寒露	9
三期星	四期星	五期星		六期星
九月	初二	初三	巳時 09時39分	初四
丁亥	戊子	己丑		庚寅
土	火	火		木
滿	平	平定		定
宜	宜	★		★
宜 祭祀、祈福、出行、移徙、開市、立券、交易、納財 **忌** 納采、問名、嫁娶、破土、安葬、啟攢	**宜** 祭祀 **忌** 祈福、出行、納采、問名、嫁娶、移徙、安床、解除、修造動土、豎柱上樑、開市、立券、交易、納財、破土、安葬、啟攢	**諸事不宜**	**斗指甲為寒露，斯時露寒冷而將欲凝結，故名寒露。** 節氣諺語：白露水，寒露風。指白露這天如果下雨，則寒露時節會容易有風災。	**日逢受死日，不宜諸吉事**
倉庫床 外西北	房床碓 外正北	占門廁 外正北		碓磨爐 外正北
沖蛇21歲煞西	沖馬20歲煞南	沖羊19歲煞東		沖猴18歲煞北

辛丑年每日宜忌

10	11	12	13	14	15
星期日	星期一	星期二	星期三	星期四	星期五
天德合 月德合		刀砧日	刀砧日	中壇元帥 千秋	天德 月德
初五	初六	初七	初八	初九	初十
辛卯	壬辰	癸巳	甲午	乙未	丙申
木	水	水	金	金	火
執	破	危	成	收	開
宜	宜	宜	宜	★	宜
宜祭祀、祈福、出行、納采、問名、嫁娶、移徙、解除、修造動土、豎柱上樑、開市、立券、交易、納財、破土、安葬、啟攢、入宅	**宜**祭祀、解除 **忌**祈福、出行、納采、問名、嫁娶、移徙、安床、修造動土、豎柱上樑、開市、立券、交易、納財、破土、安葬、啟攢	**宜**祭祀、納采、問名、嫁娶、移徙、安床、修造動土、豎柱上樑、納財 **忌**祈福、出行、解除、破土、安葬、啟攢	**宜**出行、納采、問名、嫁娶、移徙、修造動土、豎柱上樑、開市、立券、交易、納財、破土、安葬、入宅	**忌**祈福、出行、納采、問名、嫁娶、移徙、安床、解除、修造動土、豎柱上樑、開市、立券、交易、納財、破土、安葬、啟攢	**宜**祭祀、祈福、出行、納采、問名、嫁娶、移徙、解除、修造動土、豎柱上樑、開市、入宅 **忌**安床
廚灶門 外正北	倉庫栖 外正北	占房床 房內北	占門碓 房內北	碓磨廁 房內北	廚灶爐 房內北
沖雞 17歲 煞西	沖狗 16歲 煞南	沖豬 15歲 煞東	沖鼠 14歲 煞北	沖牛 13歲 煞西	沖虎 12歲 煞南

辛丑年每日宜忌

21	20	19	18	17	16
四期星	三期星	二期星	一期星	日期星	六期星
勿探病	吳三王爺千秋 天德合 月德合				
十六	十五	十四	十三	十二	十一
壬寅	辛丑	庚子	己亥	戊戌	丁酉
金	土	土	木	木	火
定	平	滿	除	建	閉
★	宜	宜	★	★	★
日逢受死日，不宜諸吉事	**宜**祭祀 **忌**祈福、出行、納采、問名、嫁娶、移徙、安床、解除、修造動土、豎柱上樑、開市、立券、交易、納財、破土、安葬、啟攢	**宜**祭祀 **忌**祈福、出行、納采、問名、嫁娶、移徙、安床、解除、修造動土、豎柱上樑、開市、立券、交易、納財、破土、安葬、啟攢	**忌**祈福、問名、嫁娶、移徙、安床、修造動土、豎柱上樑、破土、安葬、啟攢	**諸事不宜**	**忌**祈福、出行、納采、問名、嫁娶、移徙、安床、解除、修造動土、豎柱上樑、開市、立券、交易、納財、破土、安葬、啟攢
倉庫爐 房內南	廚灶廁 房內南	占碓磨 房內南	占門床 房內南	房床栖 房內南	倉庫門 房內北
沖猴 6歲 煞北	沖羊 7歲 煞東	沖馬 8歲 煞南	沖蛇 9歲 煞西	沖龍 10歲 煞北	沖兔 11歲 煞東

22	23		24	25
五期星	**六期星**	**霜降**	**日期星**	**一期星**
			觀世音菩薩出家日 刀砧日	天德 月德 刀砧日
十七	**十八**	午時 12時51分	**十九**	**二十**
癸卯	甲辰		乙巳	丙午
金	火		火	水
執	破		危	成
宜	**宜**		**宜**	**宜**
宜祭祀、祈福、出行、納采、問名、嫁娶、移徙、解除、修造動土、豎柱上樑、破土、安葬、啟攢、入宅 **忌**開市、立券、交易、納財	**宜**祭祀、解除 **忌**祈福、出行、納采、問名、嫁娶、移徙、安床、修造動土、豎柱上樑、開市、立券、交易、納財、破土、安葬、啟攢	**斗指巳為霜降，氣肅，露凝結為霜而下降，故名霜降。** **節氣諺語：霜降，風颱走去藏。** 指霜降後，颱風季節也就結束了。	**宜**祭祀、安床 **忌**祈福、出行、解除、破土、安葬、啟攢	**宜**祭祀、祈福、出行、納采、問名、嫁娶、移徙、解除、修造動土、豎柱上樑、開市、立券、交易、納財、破土、安葬、入宅
房床門 房內南	門雞栖 房內東		碓磨床 房內東	廚灶碓 房內東
沖雞 5歲 煞西	沖狗 4歲 煞南		沖豬 3歲 煞東	沖鼠 2歲 煞北

辛丑年每日宜忌

31	30	29	28	27	26
星期日	星期六	星期五	星期四	星期三	星期二
	天德合 月德合			天赦日	
廿六	廿五	廿四	廿三	廿二	廿一
壬子	辛亥	庚戌	己酉	戊申	丁未
木	金	金	土	土	水
滿	除	建	閉	開	收
宜	宜	宜	★	宜	★
宜祭祀 **忌**祈福、出行、納采、問名、嫁娶、移徙、安床、解除、修造動土、豎柱上樑、開市、立券、交易、納財、破土、安葬、啟攢	**宜**祭祀、祈福、出行、移徙、解除、豎柱上樑 **忌**納采、問名、嫁娶、修造動土、開市、立券、交易、納財、破土、安葬	**宜**祭祀、出行、移徙、納財 **忌**祈福、納采、問名、解除、修造動土、豎柱上樑、破土、安葬、啟攢	**忌**祈福、出行、納采、問名、嫁娶、移徙、安床、解除、修造動土、豎柱上樑、開市、立券、交易、納財、破土、安葬、啟攢	**宜**祭祀、祈福、出行、納采、問名、嫁娶、移徙、修造動土、豎柱上樑、開市 **忌**安床	**忌**祈福、出行、納采、問名、嫁娶、移徙、安床、解除、修造動土、豎柱上樑、開市、立券、交易、納財、破土、安葬、啟攢
倉庫碓 外東北	廚灶床 外東北	碓磨栖 外東北	占大門 外東北	房床爐 房內東	倉庫廁 房內東
沖馬 56歲 煞南	沖蛇 57歲 煞西	沖龍 58歲 煞北	沖兔 59歲 煞東	沖虎 60歲 煞南	沖牛 1歲 煞西

辛丑年每日宜忌

二〇二一年 國曆十一月小	1	2	3	4	5
	星期一	星期二	星期三	星期四	星期五
		勿探病	勿探病	藥師佛佛誕 天德 月德	刀砧日
農曆十月 己亥 陽月 煞西方	廿七	廿八	廿九	三十	十月
	癸丑	甲寅	乙卯	丙辰	丁巳
	木	水	水	土	土
	平	定	執	破	危
	★	★	宜	宜	宜
立冬之日怕逢壬，來歲高田枉費心 此日更逢壬子日，災情疾病損人民	**諸事不宜**	**日逢受死日，不宜諸吉事**	**宜** 祭祀 **忌** 祈福、出行、納采、問名、嫁娶、移徙、安床、解除、修造動土、豎柱上樑、開市、立券、交易、納財、破土、安葬、啟攢	**宜** 祭祀、解除 **忌** 祈福、出行、納采、問名、嫁娶、移徙、安床、修造動土、豎柱上樑、開市、立券、交易、納財、破土、安葬、啟攢	**宜** 祭祀、安床 **忌** 祈福、出行、解除、破土、安葬、啟攢
每日胎神占方	房床廁 外東北	占門爐 外東北	碓磨門 外正東	廚灶栖 外正東	倉庫床 外正東
每日沖煞年齡	沖羊 55歲 煞東	沖猴 54歲 煞北	沖雞 53歲 煞西	沖狗 52歲 煞南	沖豬 51歲 煞東

6	7	立冬	8	9	10
星期六	星期日		星期一	星期二	星期三
刀砧日	月德合		天德合 刀砧日	達摩祖師聖誕 刀砧日	
初二	初三	午時 12時59分	初四	初五	初六
戊午	己未		庚申	辛酉	壬戌
火	火		木	木	水
成	成收		收	開	閉
宜	宜		★	宜	★
宜出行、納采、問名、嫁娶、移徙、修造動土、豎柱上樑、開市、立券、交易、納財、入宅 **忌**破土、安葬、啟攢	**宜**祭祀、祈福、解除、修造動土、豎柱上樑、開市、立券、交易、納財、安葬 **忌**出行、納采、問名、嫁娶、移徙	**斗指西北維為立冬，冬者終也，立冬之時萬物終成，故名立冬。節氣諺語：補冬補嘴空。**民俗上，立冬日要吃麻油雞等進補，儲備過冬的體力。	**日逢受死日，不宜諸吉事**	**宜**祭祀 **忌**納采、問名、嫁娶、開市、立券、交易、納財	**諸事不宜**
房床碓 外正東	占門廁 外正東		碓磨爐 外東南	廚灶門 外東南	倉庫栖 外東南
沖鼠 50歲 煞北	沖牛 49歲 煞西		沖虎 48歲 煞南	沖兔 47歲 煞東	沖龍 46歲 煞北

辛丑年每日宜忌

辛丑年每日宜忌

15	14	13	12	11
星期一	星期日	星期六	星期五	星期四
	水仙尊王千秋	天德	月德 天赦日	
十一	初十	初九	初八	初七
丁卯	丙寅	乙丑	甲子	癸亥
火	火	金	金	水
定	平	滿	除	建
宜	**宜**	**宜**	**宜**	**宜**
宜出行、納采、問名、嫁娶、移徙、修造動土、豎柱上樑、開市、立券、交易、納財、破土、啟攢、入宅 **忌**解除	**宜**出行、納采、問名、嫁娶、移徙、修造動土、豎柱上樑、開市、立券、交易、納財、破土、安葬、啟攢 **忌**祭祀、祈福、解除	**宜**祭祀 **忌**出行、納采、問名、嫁娶、移徙	**宜**祭祀、祈福、出行、納采、問名、嫁娶、移徙、解除、修造動土、豎柱上樑、納財、安葬	**宜**祭祀 **忌**祈福、出行、納采、問名、嫁娶、移徙、安床、解除、修造動土、豎柱上樑、開市、立券、交易、納財、破土、安葬、啟攢
倉庫門 外正南	廚灶爐 外正南	碓磨廁 外東南	占門碓 外東南	占房床 外東南
沖雞 41歲 煞西	沖猴 42歲 煞北	沖羊 43歲 煞東	沖馬 44歲 煞南	沖蛇 45歲 煞西

辛丑年每日宜忌

16	17	18	19	20
二期星	**三期星**	**四期星**	**五期星**	**六期星**
	月德合	天德合 勿探病	水官聖誕	刀砧日
十二	**十三**	**十四**	**十五**	**十六**
辰戊	巳己	午庚	未辛	申壬
木	木	土	土	金
執	破	危	成	收
宜	**宜**	**宜**	**宜**	★
宜解除 **忌**出行、修造動土、開市、立券、交易、納財、破土	**宜**祭祀、解除 **忌**祈福、出行、納采、問名、嫁娶、移徙、安床、修造動土、豎柱上樑、開市、立券、交易、納財、破土、安葬、啟攢	**宜**祭祀、祈福、出行、納采、問名、嫁娶、移徙、安床、解除、修造動土、豎柱上樑、破土、安葬、入宅	**宜**祭祀、祈福、納采、問名、修造動土、豎柱上樑、開市、立券、交易、納財 **忌**出行、嫁娶、移徙	**日逢受死日，不宜諸吉事**
房床栖 外正南	占門床 外正南	占碓磨 外正南	廚灶廁 外西南	倉庫爐 外西南
沖狗 40歲 煞南	沖豬 39歲 煞東	沖鼠 38歲 煞北	沖牛 37歲 煞西	沖虎 36歲 煞南

21	22	小雪	23	24
日期星	一期星		二期星	三期星
刀砧日	月德		天德	
十七	十八	巳時 10時34分	十九	二十
癸酉	甲戌		乙亥	丙子
金	火		火	水
開	閉		建	除
宜	宜		宜	宜
宜 祭祀 **忌** 納采、問名、嫁娶、立券、交易	**宜** 祭祀 **忌** 祈福、出行、納采、問名、嫁娶、移徙、安床、解除、修造動土、豎柱上樑、開市、立券、交易、納財、破土、安葬、啟攢	**斗指己，斯時天已積陰，寒未深而雪未大，故名小雪。** **節氣諺語：小雪小到。** 指烏魚群在小雪前後剛到台灣海峽來，數量還不多。	**宜** 祭祀 **忌** 嫁娶、修造動土、破土	**宜** 出行、移徙、解除、破土、啟攢、入宅
房床門 外西南	門碓棲 外西南		碓磨床 外西南	廚灶碓 外西南
沖兔 35歲 煞東	沖龍 34歲 煞北		沖蛇 33歲 煞西	沖馬 32歲 煞南

辛丑年每日宜忌

30	29	28	27	26	25
星期二	星期一	星期日	星期六	星期五	星期四
勿探病		天德合	周倉將軍 千秋 月德合 勿探病		
廿六	廿五	廿四	廿三	廿二	廿一
壬午	辛巳	庚辰	己卯	戊寅	丁丑
木	金	金	土	土	水
危	破	執	定	平	滿
宜	★	宜	宜	宜	宜
宜祭祀、入宅 **忌**祈福、出行、納采、問名、嫁娶、移徙、安床、解除、修造動土、豎柱上樑、開市、立券、交易、納財、破土、安葬、啟攢	**忌**祈福、出行、納采、問名、嫁娶、移徙、安床、修造動土、豎柱上樑、開市、立券、交易、納財、破土、安葬、啟攢	**宜**祭祀、祈福、納采、問名、嫁娶、移徙、解除、豎柱上樑、安葬、入宅 **忌**出行、修造動土、破土	**宜**祭祀、祈福、出行、納采、問名、嫁娶、移徙、解除、修造動土、豎柱上樑、開市、立券、交易、納財、破土、安葬、入宅	**宜**出行、納采、問名、嫁娶、移徙、豎柱上樑、開市、立券、交易、納財、安葬 **忌**祭祀、祈福、解除、修造動土、破土	**宜**祭祀 **忌**祈福、出行、納采、問名、嫁娶、移徙、安床、解除、修造動土、豎柱上樑、開市、立券、交易、納財、破土、安葬、啟攢
倉庫碓 外西北	廚灶床 外正西	碓磨棲 外正西	占大門 外正西	房床爐 外正西	倉庫廁 外正西
沖鼠 26歲 煞北	沖豬 27歲 煞東	沖狗 28歲 煞南	沖雞 29歲 煞西	沖猴 30歲 煞北	沖羊 31歲 煞東

二〇二一年 國曆十二月大	1	2	3	4	5
	星期三	星期四	星期五	星期六	星期日
	紫微星君聖誕	月德 刀砧日	天德 刀砧日		
農曆十一月 庚子 葭月 煞南方 初一西風盜賊多，更兼大雪有災魔 冬至天晴無日色，來年定唱太平歌	廿七	廿八	廿九	十一月	初二
	癸未	甲申	乙酉	丙戌	丁亥
	木	水	水	土	土
	成	收	開	閉	建
	宜	★	宜	★	宜
	宜祭祀、祈福、納采、問名、修造動土、豎柱上樑、開市、立券、交易、納財 **忌**出行、嫁娶、移徙	**日逢受死日，不宜諸吉事**	**宜**祭祀、祈福、出行、納采、問名、嫁娶、移徙、解除、修造動土、豎柱上樑、開市、納財	**諸事不宜**	**宜**祭祀 **忌**祈福、出行、納采、問名、嫁娶、移徙、安床、解除、修造動土、豎柱上樑、開市、立券、交易、納財、破土、安葬、啟攢
每日胎神占方	房床廁 外西北	占門爐 外西北	碓磨門 外西北	廚灶栖 外西北	倉庫床 外西北
每日沖煞年齡	沖牛25歲煞西	沖虎24歲煞南	沖兔23歲煞東	沖龍22歲煞北	沖蛇21歲煞西

9	8	大雪	7	6
四期星	三期星		二期星	一期星
初六	初五	卯時 05時57分	初四	初三
辛卯	庚寅		己丑	戊子
木	木		火	火
平	滿		除滿	除
★	宜		宜	宜
日逢受死日，不宜諸吉事	**宜**出行、嫁娶、解除、修造動土、豎柱上樑、開市、立券、交易、納財、破土、啟攢 **忌**祭祀、納采、問名、移徙	**斗指甲，斯時積陰為雪，至此栗烈而大過於小雪，故名大雪。** **節氣諺語：大雪大到。**指烏魚群到了大雪時，便大批湧進台灣海峽。	**宜**祭祀、祈福、出行、嫁娶、解除、立券、交易、納財、安葬、入宅	**宜**入宅 **忌**祈福、出行、納采、問名、嫁娶、移徙、安床、解除、修造動土、豎柱上樑、開市、立券、交易、納財
廚灶門外正北	碓磨爐外正北		占門廁外正北	房床碓外正北
沖雞17歲煞西	沖猴18歲煞北		沖羊19歲煞東	沖馬20歲煞南

辛丑年每日宜忌

10	11	12	13	14
星期五	星期六	星期日	星期一	星期二
月德				太乙救苦天尊聖誕 刀砧日
初七	初八	初九	初十	十一
壬辰	癸巳	甲午	乙未	丙申
水	水	金	金	火
定	執	破	危	成
宜	宜	★	宜	宜
宜祭祀、祈福、出行、納采、問名、嫁娶、移徙、解除、修造動土、豎柱上樑、立券、交易、納財、安葬、入宅	**宜**祭祀、入宅 **忌**祈福、出行、納采、問名、嫁娶、移徙、安床、解除、修造動土、豎柱上樑、開市、立券、交易、納財、破土、安葬、啟攢	**諸事不宜**	**宜**祭祀 **忌**祈福、出行、納采、問名、嫁娶、移徙、安床、解除、修造動土、豎柱上樑、開市、立券、交易、納財、破土、安葬、啟攢	**宜**出行、納采、問名、嫁娶、移徙、解除、豎柱上樑、開市、立券、交易、納財、安葬、入宅 **忌**安床、修造動土、破土
倉庫栖 外正北	占房床 房內北	占門碓 房內北	碓磨廁 房內北	廚灶爐 房內北
沖狗16歲煞南	沖豬15歲煞東	沖鼠14歲煞北	沖牛13歲煞西	沖虎12歲煞南

辛丑年每日宜忌

20	19	18	17	16	15
一期星	日期星	六期星	五期星	四期星	三期星
阿彌陀佛 佛誕 月德 勿探病					月德合 刀砧日
十七	十六	十五	十四	十三	十二
壬寅	辛丑	庚子	己亥	戊戌	丁酉
金	土	土	木	木	火
滿	除	建	閉	開	收
宜	宜	★	★	宜	宜
宜出行、納采、問名、嫁娶、解除、修造動土、豎柱上樑、開市、立券、交易、納財、破土、安葬、啟攢 **忌**祭祀、移徙	**宜**祭祀、祈福、出行、嫁娶、解除、立券、交易、納財、安葬	**諸事不宜**	**忌**祈福、出行、納采、問名、嫁娶、移徙、安床、解除、修造動土、豎柱上樑、開市、破土、安葬、啟攢	**宜**祭祀、祈福、解除、修造動土、豎柱上樑 **忌**出行、嫁娶、移徙、開市、立券、交易、納財	**宜**祭祀
倉庫爐 房內南	廚灶廁 房內南	占碓磨 房內南	占門床 房內南	房床栖 房內南	倉庫門 房內北
沖猴 6歲 煞北	沖羊 7歲 煞東	沖馬 8歲 煞南	沖蛇 9歲 煞西	沖龍 10歲 煞北	沖兔 11歲 煞東

21	冬至	22	23	24	25
二期星		三期星	四期星	五期星	六期星
					月德合
十八	子時 23時59分	十九	二十	廿一	廿二
癸卯		甲辰	乙巳	丙午	丁未
金		火	火	水	水
平		定	執	破	危
★		宜	宜	★	宜
日逢受死日，不宜諸吉事	時陰極之至，明陽氣始至，日行至南，北半球晝最短而夜最長。節氣諺語：冬至烏，過年酥。冬至這天如果下雨，那麼過年時就有很高的機率會放晴。	**宜**祭祀、祈福、出行、納采、問名、嫁娶、移徙、修造動土、豎柱上樑、立券、交易、納財、入宅 **忌**解除	**宜**祭祀、入宅 **忌**祈福、出行、納采、問名、嫁娶、移徙、安床、解除、修造動土、豎柱上樑、開市、立券、交易、納財、破土、安葬、啟攢	**諸事不宜**	**宜**祭祀 **忌**納采、問名、嫁娶
房床門 房內南		門雞棲 房內東	碓磨床 房內東	廚灶碓 房內東	倉庫廁 房內東
沖雞 5歲 煞西		沖狗 4歲 煞南	沖豬 3歲 煞東	沖鼠 2歲 煞北	沖牛 1歲 煞西

辛丑年每日宜忌

31	30	29	28	27	26
星期五	**星期四**	**星期三**	**星期二**	**星期一**	**星期日**
	月德			刀砧日	刀砧日
廿八	**廿七**	**廿六**	**廿五**	**廿四**	**廿三**
癸丑	壬子	辛亥	庚戌	己酉	戊申
木	木	金	金	土	土
除	建	閉	開	收	成
宜	★	★	**宜**	★	**宜**
宜祭祀、祈福、出行、納采、問名、嫁娶、移徙、解除、修造動土、豎柱上樑、開市、立券、交易、納財、入宅	**諸事不宜**	**忌**祈福、出行、納采、問名、嫁娶、移徙、安床、解除、修造動土、豎柱上樑、開市、破土、安葬、啟攢	**宜**祭祀、祈福、解除、修造動土、豎柱上樑 **忌**出行、嫁娶、移徙、開市、立券、交易、納財	**忌**祈福、出行、納采、問名、嫁娶、移徙、安床、解除、修造動土、豎柱上樑、開市、立券、交易、納財、破土、安葬、啟攢	**宜**出行、納采、問名、嫁娶、移徙、解除、豎柱上樑、開市、立券、交易、納財、入宅 **忌**安床、修造動土、破土
房床廁 外東北	倉庫碓 外東北	廚灶床 外東北	碓磨栖 外東北	占大門 外東北	房床爐 房內東
沖羊 55歲 煞東	沖馬 56歲 煞南	沖蛇 57歲 煞西	沖龍 58歲 煞北	沖兔 59歲 煞東	沖虎 60歲 煞南

二〇二二年 國曆一月大	1	2	3	4	5
	星期六	星期日	星期一	星期二	星期三
	勿探病	勿探病		月德合	
農曆十二月 辛丑 臘月 煞東方	廿九	三十	十二月	初二	初三
	甲寅	乙卯	丙辰	丁巳	戊午
	水	水	土	土	火
	滿	平	定	執	執破
	宜	★	宜	宜	★
朔日西風六畜災，綿絲五穀德成堆 最喜大寒無雨雪，太平冬盡賀春來	**宜**出行、解除、修造動土、豎柱上樑、開市、立券、交易、納財、破土、啟攢 **忌**祭祀、納采、問名、嫁娶、移徙	**日逢受死日，不宜諸吉事**	**宜**祭祀、祈福、納采、問名、嫁娶、修造動土、豎柱上樑、立券、交易、納財、入宅 **忌**解除	**宜**祭祀 **忌**祈福、出行、納采、問名、嫁娶、移徙、安床、解除、修造動土、豎柱上樑、開市、立券、交易、納財、破土、安葬、啟攢	**忌**祈福、出行、納采、問名、嫁娶、移徙、安床、解除、修造動土、豎柱上樑、開市、立券、交易、納財、破土、安葬、啟攢
每日胎神占方	占門爐 外東北	碓磨門 外正東	廚灶栖 外正東	倉庫床 外正東	房床碓 外正東
每日沖煞年齡	沖猴 54歲 煞北	沖雞 53歲 煞西	沖狗 52歲 煞南	沖豬 51歲 煞東	沖鼠 50歲 煞北

小寒

酉時 17時14分

斗指戌為小寒，時天氣漸寒，尚未大冷，故名小寒。

節氣諺語：小寒大冷，人馬安。

小寒時天氣應寒冷，人畜才會平安。

6	7	8	9
星期四	**星期五**	**星期六**	**星期日**
	天德 月德 刀砧日	刀砧日	
初四	**初五**	**初六**	**初七**
己未	庚申	辛酉	壬戌
火	木	木	水
破	危	成	收
宜	**宜**	★	**宜**
宜祭祀 **忌**祈福、出行、納采、問名、嫁娶、移徙、安床、修造動土、豎柱上樑、開市、立券、交易、納財、破土、安葬、啟攢	**宜**祭祀、出行、移徙、修造動土、豎柱上樑、開市、立券、交易、納財、破土、安葬、入宅 **忌**祈福、納采、問名、嫁娶、安床、解除	**日逢受死日，不宜諸吉事**	**宜**祭祀 **忌**祈福、出行、納采、問名、嫁娶、移徙、安床、解除、修造動土、豎柱上樑、開市、立券、交易、納財、破土、安葬、啟攢
占門廁 外正東	碓磨爐 外東南	廚灶門 外東南	倉庫栖 外東南
沖牛 49歲 煞西	沖虎 48歲 煞南	沖兔 47歲 煞東	沖龍 46歲 煞北

15	14	13	12	11	10
六期星	五期星	四期星	三期星	二期星	一期星
			天德合 月德合	天赦日	
十三	十二	十一	初十	初九	初八
戊辰	丁卯	丙寅	乙丑	甲子	癸亥
木	火	火	金	金	水
平	滿	除	建	閉	開
★	宜	宜	宜	宜	★
諸事不宜	**宜**祭祀 **忌**祈福、出行、納采、問名、嫁娶、移徙、安床、解除、修造動土、豎柱上樑、開市、立券、交易、納財、破土、安葬、啟攢	**宜**入宅 **忌**祭祀、出行	**宜**祭祀、祈福、納采、問名、解除、豎柱上樑、納財、安葬 **忌**出行、嫁娶、移徙、修造動土、破土	**宜**祭祀、安葬	**諸事不宜**
房床栖 外正南	倉庫門 外正南	廚灶爐 外正南	碓磨廁 外東南	占門碓 外東南	占房床 外東南
沖狗40歲煞南	沖雞41歲煞西	沖猴42歲煞北	沖羊43歲煞東	沖馬44歲煞南	沖蛇45歲煞西

辛丑年每日宜忌

大寒	16	17	18	19	20
	星期日	星期一	星期二	星期三	星期四
		天德 月德 勿探病		刀砧日	刀砧日
巳時 10時39分	十四	十五	十六	十七	十八
	己巳	庚午	辛未	壬申	癸酉
	木	土	土	金	金
	定	執	破	危	成
	宜	宜	宜	宜	★
斗指癸為大寒，時大寒栗烈已極，故名大寒。 節氣諺語：大寒不寒，春分不暖。 大寒若天氣溫暖，表氣候不順，隔年春分仍會寒冷。	**宜** 納采、問名、修造動土、豎柱上樑、立券、交易、納財、入宅 **忌** 出行、嫁娶、解除、破土、安葬、啟攢	**宜** 祭祀、祈福、出行、納采、問名、嫁娶、移徙、解除、修造動土、豎柱上樑、破土、安葬	**宜** 祭祀、解除 **忌** 祈福、出行、納采、問名、嫁娶、移徙、安床、修造動土、豎柱上樑、開市、立券、交易、納財、破土、安葬、啟攢	**宜** 祭祀、開市、納財、破土、安葬 **忌** 祈福、納采、問名、安床、解除、立券、交易	**日逢受死日，不宜諸吉事**
	占門床 外正南	占碓磨 外正南	廚灶廁 外西南	倉庫爐 外西南	房床門 外西南
	沖豬 39歲 煞東	沖鼠 38歲 煞北	沖牛 37歲 煞西	沖虎 36歲 煞南	沖兔 35歲 煞東

21	22	23	24	25	26
五期星	六期星	日期星	一期星	二期星	三期星
	天德合 月德合				送神日 勿探病
十九	二十	廿一	廿二	廿三	廿四
甲戌	乙亥	丙子	丁丑	戊寅	己卯
火	火	水	水	土	土
收	開	閉	建	除	滿
宜	宜	宜	★	宜	宜
宜祭祀 **忌**祈福、出行、納采、問名、嫁娶、移徙、安床、解除、修造動土、豎柱上樑、開市、立券、交易、納財、破土、安葬、啟攢	**宜**祭祀、祈福、解除、修造動土、豎柱上樑、開市、納財、入宅 **忌**出行、納采、問名、嫁娶、移徙	**宜**祭祀、安葬、啟攢 **忌**祈福、出行、納采、問名、嫁娶、移徙、安床、解除、修造動土、豎柱上樑、開市、立券、交易、納財、破土	**忌**祈福、出行、納采、問名、嫁娶、移徙、安床、解除、修造動土、豎柱上樑、破土、安葬、啟攢	**宜**入宅 **忌**祭祀、出行、破土、安葬、啟攢	**宜**祭祀 **忌**祈福、出行、納采、問名、嫁娶、移徙、安床、解除、修造動土、豎柱上樑、開市、立券、交易、納財、破土、安葬、啟攢
門碓栖 外西南	碓磨床 外西南	廚灶碓 外西南	倉庫廁 外正西	房床爐 外正西	占大門 外正西
沖龍34歲煞北	沖蛇33歲煞西	沖馬32歲煞南	沖羊31歲煞東	沖猴30歲煞北	沖雞29歲煞西

辛丑年每日宜忌

31	30	29	28	27
一期星	**日期星**	**六期星**	**五期星**	**四期星**
除夕 刀砧日		勿探病		天神下降 日 天德 月德
廿九	**廿八**	**廿七**	**廿六**	**廿五**
甲申	癸未	壬午	辛巳	庚辰
水	木	木	金	金
危	破	執	定	平
宜	**宜**	**宜**	**宜**	**宜**
宜 祭祀、出行、移徙、修造動土、豎柱上樑、開市、納財、破土、安葬、入宅 **忌** 祈福、納采、問名、安床、解除、立券、交易	**宜** 祭祀 **忌** 祈福、出行、納采、問名、嫁娶、移徙、安床、解除、修造動土、豎柱上樑、開市、立券、交易、納財、破土、安葬、啟攢	**宜** 入宅 **忌** 祈福、出行、納采、問名、嫁娶、移徙、安床、解除、修造動土、豎柱上樑、開市、立券、交易、納財、破土、安葬、啟攢	**宜** 祭祀、祈福、納采、問名、移徙、修造動土、豎柱上樑、立券、交易、納財 **忌** 出行、嫁娶、解除、破土、安葬、啟攢	**宜** 祭祀 **忌** 祈福、出行、納采、問名、嫁娶、移徙、安床、解除、修造動土、豎柱上樑、開市、立券、交易、納財、破土、安葬、啟攢
占門爐 外西北	房床廁 外西北	倉庫碓 外西北	廚灶床 外正西	碓磨栖 外正西
沖虎 24歲 煞南	沖牛 25歲 煞西	沖鼠 26歲 煞北	沖豬 27歲 煞東	沖狗 28歲 煞南

二〇二二年 國曆二月小	1	2	3	4
	星期二	星期三	星期四	星期五
	春節、天德合、月德合、刀砧日			孫真人聖誕、刀砧日
農曆一月 壬寅 端月 煞北方 立春最喜晴一日，元旦景雲光齊天 雨水連綿是豐年，農夫不用力耕田	正月	初二	初三	初四
	乙酉	丙戌	丁亥	戊子
	水	土	土	火
	成	收	開	開閉
	★	宜	宜	宜
	日逢受死日，不宜諸吉事	**宜**祭祀 **忌**祈福、出行、納采、問名、嫁娶、移徙、安床、解除、修造動土、豎柱上樑、開市、立券、交易、納財、破土、安葬、啟攢	**宜**祭祀、入宅 **忌**祈福、出行、納采、問名、嫁娶、移徙、安床、解除、修造動土、豎柱上樑、開市、立券、交易、納財、破土、安葬、啟攢	**宜**祭祀 **忌**納采、問名、嫁娶、破土、安葬、啟攢
每日胎神占方	碓磨門 外西北	廚灶栖 外西北	倉庫床 外西北	房床碓 外正北
每日沖煞年齡	沖兔 24歲 煞東	沖龍 23歲 煞北	沖蛇 22歲 煞西	沖馬 21歲 煞南

辛丑年每日宜忌

5	6	7	8
星期六	星期日	星期一	星期二
	清水祖師聖誕	月德合	天德合
初五	**初六**	**初七**	**初八**
己丑	庚寅	辛卯	壬辰
火	木	木	水
閉	建	除	滿
★	**宜**	**宜**	**宜**
諸事不宜	**宜**立券、交易、納財 **忌**祭祀、祈福、出行、納采、問名、嫁娶、移徙、解除、修造動土、豎柱上樑、破土、安葬、啟攢	**宜**祭祀、祈福、出行、納采、問名、嫁娶、移徙、解除、修造動土、豎柱上樑、立券、交易、破土、安葬、啟攢、入宅	**宜**祭祀、祈福、出行、納采、問名、嫁娶、移徙、解除、修造動土、豎柱上樑、開市、立券、交易、納財、安葬
占門廁 外正北	碓磨爐 外正北	廚灶門 外正北	倉庫棲 外正北
沖羊 20歲 煞東	沖猴 19歲 煞北	沖雞 18歲 煞西	沖狗 17歲 煞南

立春

寅時 04時51分

斗指東北維為立春，時春氣始至，四時之卒始，故名立春也。

節氣諺語：立春打雷，十處豬欄九處空。

立春這天如果打雷，會六畜不安。相反的，雷不打春，今年一定好年冬。

辛丑年每日宜忌

9	10	11	12	13	14
星期三	星期四	星期五	星期六	星期日	星期一
玉皇大帝聖誕			月德	關聖帝君飛昇日 天德	
初九	初十	十一	十二	十三	十四
癸巳	甲午	乙未	丙申	丁酉	戊戌
水	金	金	火	火	木
平	定	執	破	危	成
★	宜	★	宜	宜	★
忌 祈福、出行、納采、問名、嫁娶、移徙、安床、解除、修造動土、豎柱上樑、開市、立券、交易、納財、破土、安葬、啟攢	**宜** 祭祀、祈福、出行、納采、問名、嫁娶、移徙、修造動土、豎柱上樑、開市、立券、交易、納財、入宅 **忌** 解除、破土、安葬、啟攢	**忌** 出行、納采、問名、嫁娶、移徙、解除、修造動土、豎柱上樑、開市、立券、交易、納財、破土、安葬、啟攢	**宜** 祭祀、解除 **忌** 祈福、出行、納采、問名、嫁娶、移徙、安床、修造動土、豎柱上樑、開市、立券、交易、納財、破土、安葬、啟攢	**宜** 祭祀、祈福、出行、納采、問名、嫁娶、移徙、安床、解除、修造動土、豎柱上樑、納財、破土、安葬、入宅	**日逢受死日，不宜諸吉事**
占房床 房內北	占門碓 房內北	碓磨廁 房內北	廚灶爐 房內北	倉庫門 房內北	房床栖 房內南
沖豬 16歲 煞東	沖鼠 15歲 煞北	沖牛 14歲 煞西	沖虎 13歲 煞南	沖兔 12歲 煞東	沖龍 11歲 煞北

辛丑年每日宜忌

15	16	17	18	19
二期星	三期星	四期星	五期星	六期星
元宵節 天官聖誕 刀砧日	刀砧日	月德合	天德合 勿探病	
十五	十六	十七	十八	十九
己亥	庚子	辛丑	壬寅	癸卯
木	土	土	金	金
收	開	閉	建	除
宜	宜	宜	宜	宜
宜 祭祀、祈福、開市、立券、交易、納財 **忌** 嫁娶、破土、安葬、啟攢	**宜** 祭祀 **忌** 納采、問名、修造動土、破土	**宜** 祭祀 **忌** 祈福、出行、納采、問名、嫁娶、移徙、安床、解除、修造動土、豎柱上樑、開市、立券、交易、納財、破土、安葬、啟攢	**宜** 納采、問名、解除、豎柱上樑、立券、交易、納財、安葬、啟攢 **忌** 祭祀、出行、嫁娶、移徙、修造動土、破土	**宜** 出行、解除、立券、交易、破土、啟攢、入宅
占門床 房內南	占碓磨 房內南	廚灶廁 房內南	倉庫爐 房內南	房床門 房內南
沖蛇 10歲 煞西	沖馬 9歲 煞南	沖羊 8歲 煞東	沖猴 7歲 煞北	沖雞 6歲 煞西

雨水

子時 00時43分

斗指壬為雨水，時東風解凍，冰雪皆散而為水，化而為雨，故名雨水。

節氣諺語：雨水，海水卡冷鬼。

雨水時節雖已入春，但溫度仍低，海水摸起來還是非常冷冽。

20	21	22	23
日期星	一期星	二期星	三期星
		月德	天德
二十	廿一	廿二	廿三
甲辰	乙巳	丙午	丁未
火	火	水	水
滿	平	定	執
宜	★	宜	宜
宜 祭祀、祈福 **忌** 納采、問名、嫁娶、開市、立券、交易、納財、破土、安葬、啟攢	**忌** 祈福、出行、納采、問名、嫁娶、移徙、安床、解除、修造動土、豎柱上樑、開市、立券、交易、納財、破土、安葬、啟攢	**宜** 祭祀、祈福、出行、納采、問名、嫁娶、移徙、解除、修造動土、豎柱上樑、開市、立券、交易、納財、破土、安葬、入宅	**宜** 祭祀、祈福、出行、移徙、解除、修造動土、豎柱上樑、納財、破土、安葬、入宅 **忌** 納采、問名、嫁娶
門雞栖 房內東	碓磨床 房內東	廚灶碓 房內東	倉庫廁 房內東
沖狗 5歲 煞南	沖豬 4歲 煞東	沖鼠 3歲 煞北	沖牛 2歲 煞西

辛丑年每日宜忌

28	27	26	25	24
星期一	星期日	星期六	星期五	星期四
天德合 刀砧日	月德合 刀砧日			
廿八	廿七	廿六	廿五	廿四
壬子	辛亥	庚戌	己酉	戊申
木	金	金	土	土
開	收	成	危	破
宜	宜	★	宜	宜
宜祭祀、祈福、出行、納采、問名、嫁娶、移徙、解除、修造動土、豎柱上樑、開市、納財	**宜**祭祀、祈福、出行、納采、問名、移徙、解除、修造動土、豎柱上樑、開市、立券、交易、納財 **忌**嫁娶	**日逢受死日，不宜諸吉事**	**宜**祭祀、破土、安葬、入宅 **忌**祈福、出行、納采、問名、嫁娶、移徙、安床、解除、修造動土、豎柱上樑、開市、立券、交易、納財	**宜**祭祀、解除 **忌**祈福、出行、納采、問名、嫁娶、移徙、安床、修造動土、豎柱上樑、開市、立券、交易、納財、破土、安葬、啟攢
倉庫碓 外東北	廚灶床 外東北	碓磨栖 外東北	占大門 外東北	房床爐 房內東
沖馬 57歲 煞南	沖蛇 58歲 煞西	沖龍 59歲 煞北	沖兔 60歲 煞東	沖虎 1歲 煞南

三

擇日與擇時

如何擇日與擇時

目前農民曆比較常被使用的功能就是「擇日」。雖然家家戶戶都有農民曆，上面「宜」、「忌」也標明得很清楚，不過大部分的人面對重要的事項，例如：結婚、安葬、安床等，仍都會慎重的請懂得命理的老師來選擇。

原因就在於除了少數的幾個「諸事皆宜」的日子之外，大部分的好日子，也不是每一件事情都可以做，甚至是在「諸事皆宜」的日子當中，也不是每個時辰都是好時辰，因此如何趨吉避凶，就著實令人煞費苦心。

不過除了牽涉廣泛的人生大事，像是嫁娶、安葬、生產等需要專業老師來擇日，其他像是日常的搬家、入宅、安床等，只要掌握一些訣竅，就能透過農民曆自己挑選好日子與好時辰。

擇日

首先要看「每日沖煞」的生肖與年齡，有沖犯到相關人員的日子都不能選擇。再來看的是每日的宜忌與用事批註。有一些日子是「不宜諸吉事」、「諸事不宜」，這在用事批註的欄位上面，都會清楚標示，在擇日的時候先避開。

接下來針對要進行的事項來挑選，在用事批註這一欄裡頭，會標註每天可以進行的事項，這個部分可以參照前面的名詞解釋，找到自己要做的事項，再回來挑選適合從事這些事項的日子。

有時在擇日的時候也會參照「十二植位」。十二植位代表十二個吉凶神，每日的植神不同，宜忌也不同，十二植位中，最常用到的像是取下制煞物品時，就會挑選「除日」，此外如果是「破日」、「危日」，通常代表諸事不宜。

擇時

選好適合的日子之後，接下來要挑選適合的時間。民間認為每一個時辰都有吉凶神在輪值，因此就算是好日子，也不一定每個時辰都適合，最好能選擇吉神輪值的時間來進行。

每個時辰的吉凶神，主要是根據不同的干支來循環。讀者可以先找出這一天的干支為何，再來對照每日時局表，就可以看到該日的每個時辰吉凶神輪值的情形，再挑選吉神輪值的時辰即可。

時辰吉凶神列表

吉神
金匱、大進、羅紋、交貴、六合、喜神、日祿、天赦、玉堂、少微、三合、進貴、貴人、右弼、天官、明堂、國印、長生、福星、天德、青龍、功曹、寶光、生旺、武曲、唐符、進祿、太陽、帝旺、福德、祿貴、交馳、貪狼、左輔、傳送、合格、鳳輦、太陰、金星、紫微、黃道、明輔、水星、司命、天地、會合、天賦、合局、逢印、臨官、財局、六甲、趨乾、合貴、同類、相資、六壬、趨艮、六申、元祿、馬元、地福、扶元、幹合、右彈、六進、進馬

凶神
日建、天兵、天牢、六戊、元武、大退、日沖、大凶、不遇、勾陳、天賊、路空、天刑、旬空、朱雀、白虎、地兵、日破、比肩、狗食、玄武、日刑、日馬、勿用、雷兵、建刑、日煞、五鬼、天武、天退、日武、日害、進虛、胞胎

巳	辰	卯	寅	丑	子	時／日
進貴 元武 大退	三合 天牢 六戊	天赦 玉堂 少微	喜神 日祿 天兵	羅紋 交貴 六合	金匱 大進 日建	甲子
三合 玉堂 不遇	進貴 白虎 地兵	大進 天德 日祿	進貴 金匱 六戊	福星 天赦 朱雀	六合 貴人 天兵	乙丑
日祿 寶光 路空	金匱 不遇 路空	進貴 功曹 朱雀	長生 天刑 地兵	明堂 右弼 狗食	天官 青龍 六戊	丙寅
進祿 朱雀 日馬	不遇 天刑 武曲	明堂 進貴 路空	青龍 大退 路空	唐符 武曲 勾陳	司命 日刑 地兵	丁卯
明堂 天赦 日祿	喜神 青龍 天兵	天官 太陽 勾陳	長生 司命 不遇	貴人 元武 路空	三合 大進 路空	戊辰
帝旺 勾陳 大退	司命 雷兵 六戊	天赦 天兵 元武	喜神 天官 天兵	三合 玉堂 不遇	大進 貴人 白虎	己巳
長生 進貴 元武	武曲 天牢 地兵	玉堂 大進 天賊	三合 生旺 六戊	祿貴 交馳 天德	日沖 大凶 不遇	庚午
福星 玉堂 路空	唐符 白虎 路空	三合 寶光 天德	羅紋 交貴 地兵	日破 大凶 朱雀	長生 進貴 六戊	辛未
羅紋 交貴 天德	三合 金匱 福星	貴人 朱雀 路空	日沖 大凶 路空	天官 明堂 左輔	三合 青龍 地兵	壬申
三合 羅紋 交貴	六合 喜神 天兵	日沖 大凶 勿用	青龍 功曹 天賊	三合 勾陳 路空	日祿 大進 路空	癸酉
明堂 傳送 大退	日破 大凶 六戊	六合 天赦 帝旺	喜神 日祿 天兵	貴人 日刑 元武	大進 福德 天牢	甲戌
日沖 大凶 勾陳	司命 功曹 地兵	三合 大進 日祿	六合 天牢 六戊	玉堂 福星 天赦	喜神 貴人 天兵	乙亥
日祿 進祿 路空	三合 不遇 路空	玉堂 少微 日刑	長生 日馬 地兵	六合 寶光 進貴	福星 金匱 六戊	丙子
三合 玉堂 帝旺	進貴 日煞 白虎	天德 寶光 路空	金匱 大退 路空	唐符 朱雀 日建	六合 進貴 地兵	丁丑
日祿 天赦 寶光	喜神 金匱 天兵	天官 貪狼 朱雀	長生 進祿 天刑	明堂 貴人 路空	大進 青龍 路空	戊寅

辛丑年每日時局表

亥	戌	酉	申	未	午	時／日
長生 進貴 朱雀	國印 天刑 旬空	天官 明堂 路空	三合 天賊 路空	貴人 右弼 勾陳	日沖 大凶 不遇	**甲子**
福星 明堂 天赦	喜神 青龍 天兵	三合 比肩 勾陳	羅紋 交貴 大退	日破 大凶 路空	長生 天牢 路空	**乙丑**
六合 貴人 勾陳	三合 司命 六戊	天赦 貴人 玄武	日沖 大凶 天牢	玉堂 少微 武曲	三合 生旺 大進	**丙寅**
三合 貴人 元武	六合 天牢 地兵	日沖 大凶 勿用	功曹 白虎 六戊	三合 寶光 天赦	喜神 日祿 天兵	**丁卯**
玉堂 路空 旬空	日破 大凶 路空	六合 寶光 天德	三合 金匱 地兵	右弼 貴人 朱雀	雷兵 天刑 六戊	**戊辰**
日沖 大凶 不遇	金匱 福德 旬空	三合 長生 路空	羅紋 交貴 路空	明堂 福星 武曲	青龍 日祿 地兵	**己巳**
天赦 進祿 朱雀	三合 天兵 喜神	明堂 帝旺 貪狼	青龍 日祿 日馬	六合 貴人 路空	司命 福星 路空	**庚午**
三合 明堂 旬空	青龍 六戊 雷兵	天赦 日祿 不遇	喜神 司命 天兵	右弼 日建 元武	六合 大進 貴人	**辛未**
日祿 少微 勾陳	司命 進祿 地兵	大進 進貴 元武	長生 雷兵 六戊	玉堂 天赦 少微	喜神 白虎 天兵	**壬申**
帝旺 元武 路空	天官 天牢 路空	玉堂 進祿 建刑	狗食 白虎 地兵	天德 寶光 不遇	金匱 雷兵 六戊	**癸酉**
長生 玉堂 功曹	武曲 白虎 日建	天官 寶光 路空	金匱 天賊 路空	貴人 日刑 朱雀	三合 不遇 地兵	**甲戌**
福星 天赦 寶光	喜神 金匱 天兵	太陽 朱雀 比肩	貴人 大退 天賊	三合 明堂 路空	長生 青龍 路空	**乙亥**
羅紋 交貴 朱雀	福星 天刑 六戊	明堂 貴人 天赦	三合 青龍 喜神	進貴 勾陳 日煞	日沖 大凶 勿用	**丙子**
明堂 天官 貴人	青龍 進貴 地兵	三合 大進 福星	司命 進貴 六戊	日破 大凶 元武	喜神 日祿 天兵	**丁丑**
天地 會合 路空	三合 司命 路空	進虛 天賦 元武	日沖 貴人 天牢	玉堂 貴人 少微	三合 帝旺 六戊	**戊寅**

巳	辰	卯	寅	丑	子	時／日
日馬 朱雀 大退	雷兵 天刑 六戊	天赦 明堂 日建	喜神 青龍 天兵	武曲 勾陳 不遇	大進 貴人 司命	**己卯**
長生 明堂 功曹	青龍 日建 地兵	大進 胞胎 逢印	司命 日馬 六戊	天赦 貴人 元武	三合 喜神 天兵	**庚辰**
進貴 福星 路空	司命 進貴 路空	貪狼 天賊 元武	貴人 天牢 地兵	三合 玉堂 少微	長生 白虎 六戊	**辛巳**
貴人 長生 元武	福星 武曲 天牢	玉堂 貴人 路空	三合 臨官 路空	進貴 寶光 日煞	日沖 大凶 地兵	**壬午**
玉堂 貴人 大退	天官 喜神 天兵	三合 寶光 貴人	金匱 福星 進貴	日破 大凶 路空	大進 日祿 路空	**癸未**
天地 合格 寶光	三合 財局 六戊	天赦 帝旺 傳送	日沖 大凶 朱雀	羅紋 交貴 明堂	大進 青龍 路空	**甲申**
三合 朱雀 不遇	天地 會合 地兵	日沖 大凶 五鬼	青龍 雷兵 六戊	三合 進貴 福星	羅紋 交貴 天兵	**乙酉**
明堂 日祿 路空	日破 大凶 路空	天地 合局 勾陳	三合 司命 地兵	太陰 元武 日刑	天官 福星 六戊	**丙戌**
日沖 大凶 勾陳	司命 功曹 右弼	三合 元武 路空	天地 會合 路空	玉堂 唐符 少微	貪狼 白虎 地兵	**丁亥**
天赦 日祿 元武	三合 喜神 天兵	玉堂 天官 進貴	長生 日馬 六戊	六合 貴人 路空	大進 金匱 路空	**戊子**
三合 玉堂 帝旺	進貴 白虎 六戊	天赦 寶光 天德	喜神 金匱 天兵	唐符 不遇 朱雀	大進 羅紋 合貴	**己丑**
長生 寶光 進貴	金匱 福德 地兵	大進 胞胎 逢印	長生 雷兵 六戊	天赦 貴人 明堂	喜神 青龍 天兵	**庚寅**
福星 朱雀 路空	進貴 天刑 路空	明堂 同類 相資	青龍 貴人 地兵	武曲 勾陳 太陰	司命 雷兵 六戊	**辛卯**
明堂 貴人 天賊	福星 青龍 建刑	福星 貴人 路空	司命 臨官 路空	天官 水星 元武	三合 天牢 地兵	**壬辰**
天赦 貴人 大退	司命 喜神 天兵	長生 福星 貴人	天賊 天牢 日刑	三合 玉堂 路空	大進 日祿 路空	**癸巳**

辛丑年每日時局表

亥	戌	酉	申	未	午	時／日
三合 進祿 不遇	天地 合局 天牢	日沖 大凶 路空	羅紋 交貴 路空	三合 寶光 福星	金匱 日祿 地兵	己卯
天赦 玉堂 傳送	日破 大凶 白虎	天地 會合 寶光	三合 日祿 金匱	貴人 朱雀 路空	福星 天官 路空	庚辰
日沖 大凶 勿用	金匱 雷兵 六戊	三合 日祿 天赦	六合 喜神 天兵	明堂 武曲 明輔	大進 貴人 青龍	辛巳
祿貴 交馳 朱雀	三合 天刑 地兵	大進 明堂 進祿	青龍 日馬 六戊	天地 會合 天赦	喜神 司命 天兵	壬午
三合 明堂 路空	天官 青龍 路空	五鬼 勾陳 旬空	司命 進貴 地兵	唐符 不遇 元武	六合 進貴 六戊	癸未
六甲 趨乾 進貴	司命 鳳輦 國印	天官 元武 路空	長生 天賊 路空	玉堂 貴人 狗食	進祿 不遇 地兵	甲申
福星 天赦 元武	喜神 進貴 天兵	玉堂 少微 建刑	天官 貴人 白虎	天德 寶光 路空	金匱 長生 路空	乙酉
玉堂 貴人 大退	福星 武曲 六戊	寶光 貴人 天赦	喜神 金匱 天兵	少微 朱雀 日刑	三合 大進 帝旺	丙戌
天官 寶光 貴人	金匱 福德 地兵	大進 貴人 福星	雷兵 天刑 六戊	三合 天赦 明堂	祿貴 交馳 天兵	丁亥
少微 朱雀 路空	右弼 天刑 路空	明堂 貪狼 天賊	三合 青龍 地兵	羅紋 交貴 勾陳	日沖 大凶 六戊	戊子
明堂 日馬 不遇	青龍 進貴 日刑	三合 長生 路空	司命 貴人 路空	日破 大凶 旬空	祿貴 交馳 地兵	己丑
六合 天赦 勾陳	喜神 司命 天兵	金星 帝旺 天武	日沖 大凶 天牢	玉堂 貴人 路空	三合 福星 路空	庚寅
三合 元武 大退	六合 天牢 六戊	日沖 大凶 不遇	喜神 白虎 天兵	三合 財局 寶光	大進 貴人 金匱	辛卯
玉堂 日祿 少微	日破 大凶 白虎	六合 大進 寶光	三合 長生 六戊	天官 天赦 朱雀	唐符 喜神 天兵	壬辰
日沖 大凶 路空	天官 金匱 路空	三合 朱雀 五鬼	六合 長生 地兵	明堂 唐符 不遇	青龍 進祿 六戊	癸巳

辛丑年每日時局表

巳	辰	卯	寅	丑	子	時／日
進祿 大退 狗食	雷兵 天牢 六戊	玉堂 天赦 帝旺	喜神 司命 天兵	天德 寶光 貴人	日沖 大凶 勿用	甲午
日馬 玉堂 不遇	進貴 白虎 地兵	三合 大進 日祿	金匱 進貴 六戊	日破 大凶 朱雀	喜神 貴人 天兵	乙未
寶光 日祿 路空	三合 金匱 路空	紫微 貪狼 朱雀	日沖 大凶 天刑	明堂 進貴 右弼	福星 青龍 六戊	丙申
三合 生旺 朱雀	六合 武曲 天刑	日沖 大凶 路空	青龍 大退 路空	三合 進祿 勾陳	司命 鳳輦 地兵	丁酉
明堂 日祿 天赦	日破 大凶 旬空	天官 六合 勾陳	三合 司命 不遇	貴人 元武 路空	大進 天牢 路空	戊戌
日沖 大凶 旬空	司命 雷兵 六戊	三合 進貴 天赦	喜神 進貴 天兵	玉堂 少微 不遇	大進 貴人 白虎	己亥
長生 太陰 元武	三合 天牢 地兵	大進 玉堂 進貴	日馬 白虎 六戊	天赦 貴人 寶光	金匱 天兵 喜神	庚子
三合 福星 路空	唐符 路空 白虎	天德 寶光 比肩	羅紋 交貴 地兵	太陰 日建 朱雀	長生 進貴 六戊	辛丑
天德 寶光 貴人	金匱 福星 進祿	貴人 朱雀 路空	六壬 趨艮 路空	明堂 天官 進貴	青龍 貪狼 地兵	壬寅
天赦 貴人 大退	喜神 武曲 天兵	祿貴 交馳 明堂	青龍 左輔 狗食	進貴 勾陳 路空	大進 進祿 路空	癸卯
明堂 五鬼 大退	青龍 雷兵 六戊	天赦 帝旺 勾陳	福星 日祿 天兵	貴人 太陰 元武	三合 大進 天牢	甲辰
少微 左輔 勾陳	司命 狗食 地兵	元祿 大進 日武	進祿 雷兵 六戊	三合 天赦 玉堂	祿貴 交馳 天兵	乙巳
日祿 金星 路空	武曲 不遇 路空	玉堂 進貴 少微	三合 長生 地兵	寶光 天德 進祿	日沖 大凶 六戊	丙午
日馬 帝旺 玉堂	進貴 不遇 白虎	三合 寶光 路空	金匱 臨官 路空	日破 大凶 朱雀	進貴 天刑 地兵	丁未
六合 日祿 寶光	喜神 金匱 天兵	天官 進貴 朱雀	日沖 大凶 天刑	明堂 貴人 路空	大進 青龍 路空	戊申

辛丑年每日時局表

亥	戌	酉	申	未	午	時／日
長生 左輔 朱雀	三合 右弼 天刑	天官 明堂 路空	青龍 日馬 路空	羅紋 交貴 勾陳	司命 不遇 地兵	甲午
三合 明堂 福星	喜神 青龍 天兵	太陽 比肩 勾陳	羅紋 交貴 司命	右弼 元武 路空	六合 長生 路空	乙未
羅紋 交貴 天退	司命 福星 六戊	天赦 貴人 元武	喜神 天兵 天牢	玉堂 進貴 狗食	大進 武曲 白虎	丙申
天官 貴人 元武	右弼 天牢 地兵	大進 玉堂 福星	雷兵 白虎 六戊	天赦 進貴 寶光	喜神 祿貴 天兵	丁酉
玉堂 少微 路空	武曲 白虎 路空	天德 寶光 天賊	金匱 福星 地兵	貴人 右弼 朱雀	三合 帝旺 六戊	戊戌
天德 寶光 建刑	金匱 福德 狗食	長生 朱雀 路空	祿貴 交馳 路空	三合 明堂 福星	青龍 日祿 地兵	己亥
天赦 左輔 朱雀	喜神 不遇 天兵	明堂 帝旺 進貴	三合 日祿 青龍	貴人 進祿 路空	日沖 大凶 路空	庚子
明堂 日馬 大退	青龍 六戊 雷兵	三合 天赦 日祿	喜神 司命 天兵	日破 大凶 玄武	羅紋 交貴 大進	辛丑
祿貴 交馳 六合	三合 司命 地兵	大進 傳送 天武	日沖 大凶 勿用	玉堂 天官 天赦	喜神 三合 天兵	壬寅
三合 生旺 路空	六合 進貴 路空	日沖 大凶 五鬼	國印 白虎 地兵	三合 寶光 天德	金匱 雷兵 六戊	癸卯
六申 趨乾 玉堂	日破 大凶 白虎	六合 寶光 路空	三合 金匱 路空	天官 貴人 朱雀	貪狼 天刑 地兵	甲辰
日沖 大凶 勿用	喜神 金匱 天兵	三合 太陽 朱雀	六合 貴人 天賊	明堂 進貴 路空	青龍 長生 路空	乙巳
祿貴 交馳 朱雀	三合 福星 六戊	明堂 貴人 天赦	喜神 青龍 天兵	六合 長生 勾陳	大進 司命 帝旺	丙午
三合 明堂 貴人	青龍 進貴 地兵	大進 貴人 福星	司命 進貴 六戊	同類 相資 元武	喜神 日祿 天兵	丁未
少微 勾陳 路空	司命 鳳輦 路空	功曹 元武 五鬼	福星 進祿 地兵	羅紋 交貴 玉堂	帝旺 白虎 六戊	戊申

辛丑年每日時局表

巳	辰	卯	寅	丑	子	時／日
三合 生旺 朱雀	六合 雷兵 六戊	日破 大凶 旬空	喜神 青龍 天兵	三合 唐符 不遇	大進 貴人 司命	**己酉**
長生 明堂 傳送	日破 大凶 地兵	六合 大進 勾陳	三合 司命 六戊	天赦 貴人 元武	喜神 天牢 天兵	**庚戌**
日破 大凶 路空	司命 進祿 路空	三合 元武 天賊	六合 貴人 天兵	玉堂 少微 五鬼	長生 白虎 六戊	**辛亥**
羅紋 交貴 天賊	三合 福星 武曲	祿貴 交馳 路空	趨艮 白虎 路空	六合 天德 寶光	金匱 福德 地福	**壬子**
三合 貴人 玉堂	喜神 白虎 天兵	福星 貴人 寶光	金匱 進貴 天賊	同類 相資 路空	大進 日祿 路空	**癸丑**
寶光 大退 日刑	金匱 雷兵 六戊	天赦 帝旺 朱雀	喜神 日祿 天兵	明堂 貴人 右弼	大進 青龍 進祿	**甲寅**
日馬 少微 朱雀	武曲 天刑 地兵	大進 日祿 明堂	青龍 雷兵 六戊	天赦 福星 勾陳	司命 貴人 天兵	**乙卯**
明堂 日祿 路空	青龍 建刑 路空	幹合 勾陳 日害	長生 司命 地兵	國印 元武 旬空	三合 福星 六戊	**丙辰**
帝旺 左輔 勾陳	司命 傳送 右弼	進貴 元武 路空	進貴 大退 路空	三合 玉堂 少微	貪狼 白虎 地兵	**丁巳**
日祿 天赦 元武	喜神 武曲 天兵	玉堂 天官 少微	三合 生旺 白虎	寶光 貴人 路空	日破 大凶 路空	**戊午**
帝旺 玉堂 大退	進貴 白虎 六戊	三合 寶光 天赦	喜神 金匱 天兵	日破 大凶 朱雀	大進 羅紋 交貴	**己未**
六合 長生 寶光	三合 金匱 地兵	大進 進貴 天賊	日破 大凶 六戊	明堂 貴人 天赦	三合 青龍 天兵	**庚申**
三合 福星 路空	六合 天刑 路空	日沖 大凶 勿用	青龍 貴人 地兵	三合 武曲 勾陳	司命 長生 六戊	**辛酉**
明堂 貴人 天賊	日破 大凶 勿用	六合 貴人 路空	三合 司命 路空	天官 水星 元武	帝旺 天牢 地兵	**壬戌**
日破 大凶 勾陳	喜神 司命 天兵	三合 長生 貴人	六合 臨官 天牢	玉堂 少微 路空	大進 日祿 路空	**癸亥**

辛丑年每日時局表

亥	戌	酉	申	未	午	時/日
馬元 不遇 元武	右弼 太陰 天牢	長生 玉堂 路空	貴人 路空 白虎	福星 寶光 進祿	金匱 日祿 地兵	**己酉**
玉堂 天赦 少微	喜神 白虎 天兵	天德 寶光 帝旺	金匱 日祿 馬元	貴人 朱雀 路空	福星 天官 路空	**庚戌**
天德 寶光 大退	金匱 雷兵 六戊	天赦 日祿 進貴	喜神 明堂 天兵	三合 明堂 武曲	大進 貴人 青龍	**辛亥**
日祿 少微 朱雀	右弼 天刑 地兵	大進 進貴 明堂	三合 青龍 六戊	天赦 天官 勾陳	日破 大凶 天兵	**壬子**
明堂 日馬 路空	青龍 日刑 路空	三合 扶元 勾陳	司命 進貴 天兵	日破 大凶 玄武	進貴 天牢 六戊	**癸丑**
六合 長生 勾陳	三合 司命 進祿	天官 唐符 路空	日破 大凶 路空	羅紋 交貴 玉堂	三合 白虎 地兵	**甲寅**
天赦 三合 福星	喜神 六合 天兵	日沖 大凶 勿用	貴人 白虎 大退	三合 寶光 路空	長生 金匱 路空	**乙卯**
玉堂 貴人 大退	日破 大凶 六戊	天赦 貴人 寶光	喜神 金匱 天兵	少微 右彈 朱雀	大進 帝旺 天刑	**丙辰**
日破 大凶 五鬼	金匱 福德 地兵	三合 大進 貴人	六合 進祿 六戊	天赦 明堂 武曲	喜神 日祿 天兵	**丁巳**
少微 朱雀 路空	三合 財局 路空	明堂 貪狼 進貴	青龍 福星 地兵	祿貴 交馳 勾陳	司命 帝旺 六戊	**戊午**
三合 明堂 不遇	青龍 進貴 日刑	長生 勾陳 路空	司命 貴人 路空	福星 右弼 元武	祿貴 交馳 地兵	**己未**
天赦 水星 勾陳	喜神 司命 天兵	帝旺 進貴 元武	日祿 太陽 天牢	玉堂 貴人 路空	福星 天官 路空	**庚申**
日馬 元武 大退	雷兵 天牢 六戊	祿貴 交馳 天赦	喜神 進貴 天兵	天德 寶光 黃道	大進 貴人 金匱	**辛酉**
玉堂 日祿 少微	武曲 白虎 地兵	六進 天德 寶光	金匱 日馬 六戊	天官 天赦 朱雀	喜神 三合 天兵	**壬戌**
寶光 帝旺 路空	金匱 進祿 路空	進馬 朱雀 五鬼	國印 天刑 地兵	三合 明堂 不遇	青龍 雷兵 六戊	**癸亥**

四

財喜貴方

如何運用財喜貴方

吉祥方位與煞方，也就是一般說的財喜貴方與煞方。傳統上認為，每個方位每天都有不同的吉凶神輪值。一般來說吉神方位有**財神**、**喜門**、**貴門**、**文昌**、**正財**與**偏財**，而凶神則有**煞方**。

以二〇二一年國曆一月二日這天來說，這天的**財神**在**正東方**，**正財**在**西南方**。這兩個方位關係到正財的部分，也就是平常正規的收入。所以如果今天正好是關係到加薪，或是談生意的日子，那出門後就可選擇往**正東**或**西南**的方位走路或開車三到五分鐘，就可以承接到財神的財氣。

偏財方關係的是偏財的進帳，像是賺外快或者是買彩券的人，出門時可以先往今天的偏財方走，便大大的增加中獎的機率。

喜門是喜事的方位，想要求婚、提親或者是告白甚至是第一次約會的人，出門前可以先往喜門的方位走，可以增加成功的機率。

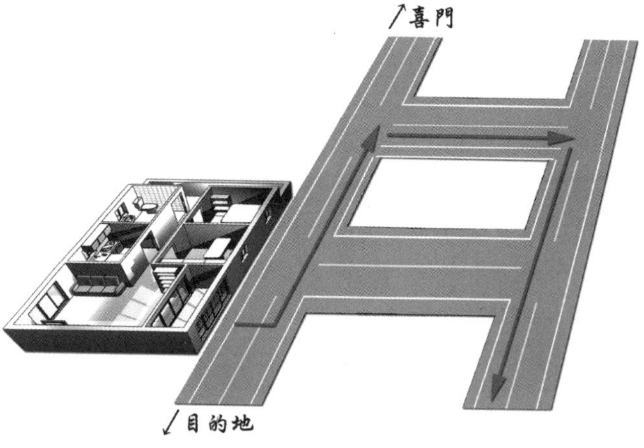

有特定目的時，先往有利之方位移動三到五分鐘，再前往目的地。例如想要告白者，出門後可以先往喜門方向移動，再前往約會場所。

貴門是貴人的方位，希望貴人運強一點的，則可以往貴門的方向走，就可以招來更強的貴人運，避開小人，讓你工作更順利。

文昌關係到考試、讀書等事情，有考試的考生或是工作上要參加升等考試，出門前可以先往今天的文昌方位走，除了能為自己增加一些分數外，也具有穩定自己軍心的作用。

煞方則是當日凶神所在的地方，要盡量避免往該方面活動，以免好事多磨，壞事折磨，如果無可避免的要往那個方位走，那麼出門前不妨多繞一點路，先往其他的好方位走，再轉往目的地，以避免沾染不好的氣場。

有特定目的時，先往有利之方位移動三到五分鐘，再前往目的地。例如想要告白者，出門後可以先往喜門方向移動，再前往約會場所。

目的地為煞方時，先往有利之方位移動三到五分鐘，再前往目的地。例如目的地為煞方，出門後可先往財位方向移動，再前往原目的地。

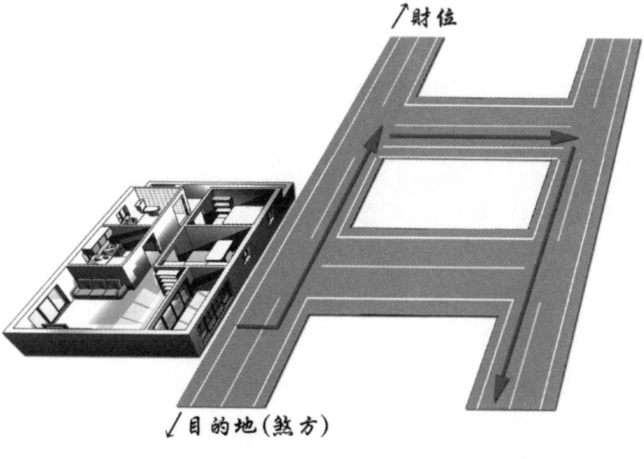

目的地為煞方時，先往有利之方位移動三到五分鐘，再前往目的地。例如目的地為煞方，出門後可先往財位方向移動，再前往原目的地。

辛丑年財喜貴煞方位表

二〇二一國曆一月	農曆十二月大	支干	財神	喜門	貴門	文昌	正財	偏財	煞方
1	十八	己酉	正北	東北	西南	正西	正南	正北	正東
2	十九	庚戌	正東	西北	西南	西北	西南	正東	正北
3	二十	辛亥	正東	西南	正南	正北	正西	正東	正西
4	廿一	壬子	正南	正南	正東	東北	西北	正南	正南
5	廿二	癸丑	正南	東南	正東	正東	正北	正南	正東
6	廿三	甲寅	東南	東北	東北	東南	東北	中央	正北
7	廿四	乙卯	東南	西北	西南	正南	正東	中央	正西
8	廿五	丙辰	正西	西南	正西	西南	東南	正西	正南
9	廿六	丁巳	正西	正南	正西	正西	正南	正西	正東
10	廿七	戊午	正北	東南	西南	西南	東南	正北	正北
11	廿八	己未	正北	東北	西南	正西	正南	正北	正西
12	廿九	庚申	正東	西北	西南	西北	西南	正東	正南
13	十二月	辛酉	正東	西南	東北	正北	正西	正東	正東
14	初二	壬戌	正南	正南	正東	東北	西北	正南	正北
15	初三	癸亥	正南	東南	正東	正東	正北	正南	正西

辛丑年財喜貴煞方位表

二〇二一國曆一月	農曆十二月大	支干	財神	喜門	貴門	文昌	正財	偏財	煞方
16	初四	甲子	東南	東北	東北	東南	東北	中央	正南
17	初五	乙丑	東南	西北	正北	正南	正東	中央	正東
18	初六	丙寅	正西	西南	正西	西南	東南	正西	正北
19	初七	丁卯	正西	正南	西北	正西	正南	正西	正西
20	初八	戊辰	正北	東南	東北	正北	東南	正北	正南
21	初九	己巳	正北	東北	西南	正西	正南	正北	正東
22	初十	庚午	正東	西北	西南	西北	西南	正東	正北
23	十一	辛未	正東	西南	正南	正北	正西	正東	正西
24	十二	壬申	正南	正南	正東	東北	西北	正南	正南
25	十三	癸酉	正南	東南	東南	正東	正北	正南	正東
26	十四	甲戌	東南	東北	東北	東南	東北	中央	正北
27	十五	乙亥	東南	西北	西南	正南	正東	中央	正西
28	十六	丙子	正西	西南	正西	西南	東南	正西	正南
29	十七	丁丑	正西	正南	西北	正西	正南	正西	正東
30	十八	戊寅	正北	東南	東北	西南	東南	正北	正北
31	十九	己卯	正北	東北	西南	正西	正南	正北	正西

辛丑年財喜貴煞方位表

二〇二一國曆二月	農曆正月小	支干	財神	喜門	貴門	文昌	正財	偏財	煞方
1	二十	庚辰	正東	西北	東北	西北	西南	正東	正南
2	廿一	辛巳	正東	西南	東北	正北	西南	正東	正東
3	廿二	壬午	正南	正南	正東	東北	西北	正南	正北
4	廿三	癸未	正南	東南	正東	正東	正北	正南	正西
5	廿四	甲申	東南	東北	西南	東南	東北	中央	正南
6	廿五	乙酉	東南	西北	西南	正南	正東	中央	正東
7	廿六	丙戌	正西	西南	正西	西南	東南	正西	正北
8	廿七	丁亥	正西	正南	正西	正西	正南	正西	正西
9	廿八	戊子	正北	東南	東北	西北	西南	正東	正南
10	廿九	己丑	正北	東北	正北	正北	正西	正東	正東
11	三十	庚寅	正東	西北	東北	東北	西北	正南	正北
12	正月	辛卯	正東	西南	東北	正東	正北	正南	正西
13	初二	壬辰	正南	正南	正東	東南	東北	中央	正南
14	初三	癸巳	正南	東南	東南	正南	正東	中央	正東
15	初四	甲午	東南	東北	西南	西南	東南	正西	正北

辛丑年財喜貴煞方位表

二〇二一國曆二月	農曆正月小	支干	財神	喜門	貴門	文昌	正財	偏財	煞方
16	**初五**	乙未	東南	西北	西南	正南	正東	中央	正西
17	**初六**	丙申	正西	西南	正西	西南	東南	正西	正南
18	**初七**	丁酉	正西	正南	西北	正西	正南	正西	正東
19	**初八**	戊戌	正北	東南	東北	西南	東南	正北	正北
20	**初九**	己亥	正北	東北	西南	正西	正南	正北	正西
21	**初十**	庚子	正東	西北	東北	西北	西南	正東	正南
22	**十一**	辛丑	正東	西南	東北	正北	正西	正東	正東
23	**十二**	壬寅	正南	正南	正東	東北	西北	正南	正北
24	**十三**	癸卯	正南	東南	正東	正東	正北	正南	正西
25	**十四**	甲辰	東南	東北	西南	東南	東北	中央	正南
26	**十五**	乙巳	東南	西北	正北	正南	正東	中央	正東
27	**十六**	丙午	正西	西南	西北	西南	東南	正西	正北
28	**十七**	丁未	正西	正南	西北	正西	正南	正西	正西

辛丑年財喜貴煞方位表

二〇二一國曆三月	農曆二月大	支干	財神	喜門	貴門	文昌	正財	偏財	煞方
1	十八	戊申	正北	東南	西南	西南	東南	正南	正南
2	十九	己酉	正北	東北	西南	正西	正南	正北	正東
3	二十	庚戌	正東	西北	西南	西北	西南	正東	正北
4	廿一	辛亥	正東	西南	正南	正北	正西	正東	正西
5	廿二	壬子	正南	正南	正東	東北	西北	正南	正南
6	廿三	癸丑	正南	東南	正東	正東	正北	正南	正東
7	廿四	甲寅	東南	東北	東北	東南	東北	中央	正北
8	廿五	乙卯	東南	西北	西南	正南	正東	中央	正西
9	廿六	丙辰	正西	西南	正西	西南	東南	正西	正南
10	廿七	丁巳	正西	正南	正西	正西	正南	正西	正東
11	廿八	戊午	正北	東南	西南	西南	東南	正北	正北
12	廿九	己未	正北	東北	西南	正西	正南	正北	正西
13	二月	庚申	正東	西北	西南	西北	西南	正東	正南
14	初二	辛酉	正東	西南	東北	正北	正西	正東	正東
15	初三	壬戌	正南	正南	正東	東北	西北	正南	正北

辛丑年財喜貴煞方位表

煞方	偏財	正財	文昌	貴門	喜門	財神	支干	農曆二月大	二〇二一國曆三月
正西	正南	正北	正東	正東	東南	正南	癸亥	**初四**	16
正南	中央	東北	東南	東北	東北	東南	甲子	**初五**	17
正東	中央	正東	正南	正北	西北	東南	乙丑	**初六**	18
正北	正西	東南	西南	正西	西南	正西	丙寅	**初七**	19
正西	正西	正南	正西	西北	正南	正西	丁卯	**初八**	20
正南	正北	東南	正北	東北	東南	正北	戊辰	**初九**	21
正東	正北	正南	正西	西南	東北	正北	己巳	**初十**	22
正北	正東	西南	西北	西南	西北	正東	庚午	**十一**	23
正西	正東	正西	正北	正南	西南	正東	辛未	**十二**	24
正南	正南	西北	東北	正東	正南	正南	壬申	**十三**	25
正東	正南	正北	正東	東南	東南	正南	癸酉	**十四**	26
正北	中央	東北	東南	東北	東北	東南	甲戌	**十五**	27
正西	中央	正東	正南	西南	西北	東南	乙亥	**十六**	28
正南	正西	東南	西南	正西	西南	正西	丙子	**十七**	29
正東	正西	正南	正西	西北	正南	正西	丁丑	**十八**	30
正北	正北	東南	西南	東北	東南	正北	戊寅	**十九**	31

辛丑年財喜貴煞方位表

二〇二一國曆四月	農曆三月大	支干	財神	喜門	貴門	文昌	正財	偏財	煞方
1	二十	己卯	正北	東北	西南	正西	正南	正北	正西
2	廿一	庚辰	正東	西北	東北	西北	西南	正東	正南
3	廿二	辛巳	正東	西南	東北	正北	西南	正東	正東
4	廿三	壬午	正南	正南	正東	東北	西北	正南	正北
5	廿四	癸未	正南	東南	正東	正東	正北	正南	正西
6	廿五	甲申	東南	東北	西南	東南	東北	中央	正南
7	廿六	乙酉	東南	西北	西南	正南	正東	中央	正東
8	廿七	丙戌	正西	西南	正西	西南	東南	正西	正北
9	廿八	丁亥	正西	正南	正西	正西	正南	正西	正西
10	廿九	戊子	正北	東南	東北	西北	西南	正東	正南
11	三十	己丑	正北	東北	正北	正北	正西	正東	正東
12	三月	庚寅	正東	西北	東北	東北	西北	正南	正北
13	初二	辛卯	正東	西南	東北	正東	正北	正南	正西
14	初三	壬辰	正南	正南	正東	東南	東北	中央	正南
15	初四	癸巳	正南	東南	東南	正南	正東	中央	正東

辛丑年財喜貴煞方位表

二〇二一國曆四月	農曆三月大	支干	財神	喜門	貴門	文昌	正財	偏財	煞方
16	**初五**	甲午	東南	東北	西南	西南	東南	正西	正北
17	**初六**	乙未	東南	西北	西南	正南	正東	中央	正西
18	**初七**	丙申	正西	西南	正西	西南	東南	正西	正南
19	**初八**	丁酉	正西	正南	西北	正西	正南	正西	正東
20	**初九**	戊戌	正北	東南	東北	西南	東南	正北	正北
21	**初十**	己亥	正北	東北	西南	正西	正南	正北	正西
22	**十一**	庚子	正東	西北	東北	西北	西南	正東	正南
23	**十二**	辛丑	正東	西南	東北	正北	正西	正東	正東
24	**十三**	壬寅	正南	正南	正東	東北	西北	正南	正北
25	**十四**	癸卯	正南	東南	正東	正東	正北	正南	正西
26	**十五**	甲辰	東南	東北	西南	東南	東北	中央	正南
27	**十六**	乙巳	東南	西北	正北	正南	正東	中央	正東
28	**十七**	丙午	正西	西南	西北	西南	東南	正西	正北
29	**十八**	丁未	正西	正南	西北	正西	正南	正西	正西
30	**十九**	戊申	正北	東南	西南	西南	東南	正南	正南

辛丑年財喜貴煞方位表

二〇二一國曆五月	農曆四月小	支干	財神	喜門	貴門	文昌	正財	偏財	煞方
1	二十	己酉	正北	東北	西南	正西	正南	正北	正東
2	廿一	庚戌	正東	西北	西南	西北	西南	正東	正北
3	廿二	辛亥	正東	西南	正南	正北	正西	正東	正西
4	廿三	壬子	正南	正南	正東	東北	西北	正南	正南
5	廿四	癸丑	正南	東南	正東	正東	正北	正南	正東
6	廿五	甲寅	東南	東北	東北	東南	東北	中央	正北
7	廿六	乙卯	東南	西北	西南	正南	正東	中央	正西
8	廿七	丙辰	正西	西南	正西	西南	東南	正西	正南
9	廿八	丁巳	正西	正南	正西	正西	正南	正西	正東
10	廿九	戊午	正北	東南	西南	西南	東南	正北	正北
11	三十	己未	正北	東北	西南	正西	正南	正北	正西
12	四月	庚申	正東	西北	西南	西北	西南	正東	正南
13	初二	辛酉	正東	西南	東北	正北	正西	正東	正東
14	初三	壬戌	正南	正南	正東	東北	西北	正南	正北
15	初四	癸亥	正南	東南	正東	正東	正北	正南	正西

辛丑年財喜貴煞方位表

二〇二一國曆五月	農曆四月小	支干	財神	喜門	貴門	文昌	正財	偏財	煞方
16	**初五**	甲子	東南	東北	東北	東南	東北	中央	正南
17	**初六**	乙丑	東南	西北	正北	正南	正東	中央	正東
18	**初七**	丙寅	正西	西南	正西	西南	東南	正西	正北
19	**初八**	丁卯	正西	正南	西北	正西	正南	正西	正西
20	**初九**	戊辰	正北	東南	東北	正北	東南	正北	正南
21	**初十**	己巳	正北	東北	西南	正西	正南	正北	正東
22	**十一**	庚午	正東	西北	西南	西北	西南	正東	正北
23	**十二**	辛未	正東	西南	正南	正北	正西	正東	正西
24	**十三**	壬申	正南	正南	正東	東北	西北	正南	正南
25	**十四**	癸酉	正南	東南	東南	正東	正北	正南	正東
26	**十五**	甲戌	東南	東北	東北	東南	東北	中央	正北
27	**十六**	乙亥	東南	西北	西南	正南	正東	中央	正西
28	**十七**	丙子	正西	西南	正西	西南	東南	正西	正南
29	**十八**	丁丑	正西	正南	西北	正西	正南	正西	正東
30	**十九**	戊寅	正北	東南	東北	西南	東南	正北	正北
31	**二十**	己卯	正北	東北	西南	正西	正南	正北	正西

辛丑年財喜貴煞方位表

二〇二一 國曆六月	農曆 五月大	支干	財神	喜門	貴門	文昌	正財	偏財	煞方
1	廿一	庚辰	正東	西北	東北	西北	西南	正東	正南
2	廿二	辛巳	正東	西南	東北	正北	西南	正東	正東
3	廿三	壬午	正南	正南	正東	東北	西北	正南	正北
4	廿四	癸未	正南	東南	正東	正東	正北	正南	正西
5	廿五	甲申	東南	東北	西南	東南	東北	中央	正南
6	廿六	乙酉	東南	西北	西南	正南	正東	中央	正東
7	廿七	丙戌	正西	西南	正西	西南	東南	正西	正北
8	廿八	丁亥	正西	正南	正西	正西	正南	正西	正西
9	廿九	戊子	正北	東南	東北	西北	西南	正東	正南
10	五月	己丑	正北	東北	正北	正北	正西	正東	正東
11	初二	庚寅	正東	西北	東北	東北	西北	正南	正北
12	初三	辛卯	正東	西南	東北	正東	正北	正南	正西
13	初四	壬辰	正南	正南	正東	東南	東北	中央	正南
14	初五	癸巳	正南	東南	東南	正南	正東	中央	正東
15	初六	甲午	東南	東北	西南	西南	東南	正西	正北

辛丑年財喜貴煞方位表

煞方	偏財	正財	文昌	貴門	喜門	財神	支干	農曆五月大	二〇二一國曆六月
正西	中央	正東	正南	西南	西北	東南	乙未	**初七**	16
正南	正西	東南	西南	正西	西南	正西	丙申	**初八**	17
正東	正西	正南	正西	西北	正南	正西	丁酉	**初九**	18
正北	正北	東南	西南	東北	東南	正北	戊戌	**初十**	19
正西	正北	正南	正西	西南	東北	正北	己亥	**十一**	20
正南	正東	西南	西北	東北	西北	正東	庚子	**十二**	21
正東	正東	正西	正北	東北	西南	正東	辛丑	**十三**	22
正北	正南	西北	東北	正東	正南	正南	壬寅	**十四**	23
正西	正南	正北	正東	正東	東南	正南	癸卯	**十五**	24
正南	中央	東北	東南	西南	東北	東南	甲辰	**十六**	25
正東	中央	正東	正南	正北	西北	東南	乙巳	**十七**	26
正北	正西	東南	西南	西北	西南	正西	丙午	**十八**	27
正西	正西	正南	正西	西北	正南	正西	丁未	**十九**	28
正南	正南	東南	西南	西南	東南	正北	戊申	**二十**	29
正東	正北	正南	正西	西南	東北	正北	己酉	**廿一**	30

辛丑年財喜貴煞方位表

二〇二一國曆七月	農曆六月小	支干	財神	喜門	貴門	文昌	正財	偏財	煞方
1	廿二	庚戌	正東	西北	西南	西北	西南	正東	正北
2	廿三	辛亥	正東	西南	正南	正北	正西	正東	正西
3	廿四	壬子	正南	正南	正東	東北	西北	正南	正南
4	廿五	癸丑	正南	東南	正東	正東	正北	正南	正東
5	廿六	甲寅	東南	東北	東北	東南	東北	中央	正北
6	廿七	乙卯	東南	西北	西南	正南	正東	中央	正西
7	廿八	丙辰	正西	西南	正西	西南	東南	正西	正南
8	廿九	丁巳	正西	正南	正西	正西	正南	正西	正東
9	三十	戊午	正北	東南	西南	西南	東南	正北	正北
10	六月	己未	正北	東北	西南	正西	正南	正北	正西
11	初二	庚申	正東	西北	西南	西北	西南	正東	正南
12	初三	辛酉	正東	西南	東北	正北	正西	正東	正東
13	初四	壬戌	正南	正南	正東	東北	西北	正南	正北
14	初五	癸亥	正南	東南	正東	正東	正北	正南	正西
15	初六	甲子	東南	東北	東北	東南	東北	中央	正南

辛丑年財喜貴煞方位表

煞方	偏財	正財	文昌	貴門	喜門	財神	支干	農曆六月小	二〇二一國曆七月
正東	中央	正東	正南	正北	西北	東南	乙丑	**初七**	16
正北	正西	東南	西南	正西	西南	正西	丙寅	**初八**	17
正西	正西	正南	正西	西北	正南	正西	丁卯	**初九**	18
正南	正北	東南	正北	東北	東南	正北	戊辰	**初十**	19
正東	正北	正南	正西	西南	東北	正北	己巳	**十一**	20
正北	正東	西南	西北	西南	西北	正東	庚午	**十二**	21
正西	正東	正西	正北	正南	西南	正東	辛未	**十三**	22
正南	正南	西北	東北	正東	正南	正南	壬申	**十四**	23
正東	正南	正北	正東	東南	東南	正南	癸酉	**十五**	24
正北	中央	東北	東南	東北	東北	東南	甲戌	**十六**	25
正西	中央	正東	正南	西南	西北	東南	乙亥	**十七**	26
正南	正西	東南	西南	正西	西南	正西	丙子	**十八**	27
正東	正西	正南	正西	西北	正南	正西	丁丑	**十九**	28
正北	正北	東南	西南	東北	東南	正北	戊寅	**二十**	29
正西	正北	正南	正西	西南	東北	正北	己卯	**廿一**	30
正南	正東	西南	西北	東北	西北	正東	庚辰	**廿二**	31

辛丑年財喜貴煞方位表

二〇二一國曆八月	農曆七月大	支干	財神	喜門	貴門	文昌	正財	偏財	煞方
1	廿三	辛巳	正東	西南	東北	正北	西南	正東	正東
2	廿四	壬午	正南	正南	正東	東北	西北	正南	正北
3	廿五	癸未	正南	東南	正東	正東	正北	正南	正西
4	廿六	甲申	東南	東北	西南	東南	東北	中央	正南
5	廿七	乙酉	東南	西北	西南	正南	正東	中央	正東
6	廿八	丙戌	正西	西南	正西	西南	東南	正西	正北
7	廿九	丁亥	正西	正南	正西	正西	正南	正西	正西
8	七月	戊子	正北	東南	東北	西北	西南	正東	正南
9	初二	己丑	正北	東北	正北	正北	正西	正東	正東
10	初三	庚寅	正東	西北	東北	東北	西北	正南	正北
11	初四	辛卯	正東	西南	東北	正東	正北	正南	正西
12	初五	壬辰	正南	正南	正東	東南	東北	中央	正南
13	初六	癸巳	正南	東南	東南	正南	正東	中央	正東
14	初七	甲午	東南	東北	西南	西南	東南	正西	正北
15	初八	乙未	東南	西北	西南	正南	正東	中央	正西

辛丑年財喜貴煞方位表

煞方	偏財	正財	文昌	貴門	喜門	財神	支干	農曆七月大	二〇二一國曆八月
正南	正西	東南	西南	正西	西南	正西	丙申	**初九**	16
正東	正西	正南	正西	西北	正南	正西	丁酉	**初十**	17
正北	正北	東南	西南	東北	東南	正北	戊戌	**十一**	18
正西	正北	正南	正西	西南	東北	正北	己亥	**十二**	19
正南	正東	西南	西北	東北	西北	正東	庚子	**十三**	20
正東	正東	正西	正北	東北	西南	正東	辛丑	**十四**	21
正北	正南	西北	東北	正東	正南	正南	壬寅	**十五**	22
正西	正南	正北	正東	正東	東南	正南	癸卯	**十六**	23
正南	中央	東北	東南	西南	東北	東南	甲辰	**十七**	24
正東	中央	正東	正南	正北	西北	東南	乙巳	**十八**	25
正北	正西	東南	西南	西北	西南	正西	丙午	**十九**	26
正西	正西	正南	正西	西北	正南	正西	丁未	**二十**	27
正南	正南	東南	西南	西南	東南	正北	戊申	**廿一**	28
正東	正北	正南	正西	西南	東北	正北	己酉	**廿二**	29
正北	正東	西南	西北	西南	西北	正東	庚戌	**廿三**	30
正西	正東	正西	正北	正南	西南	正東	辛亥	**廿四**	31

辛丑年財喜貴煞方位表

煞方	偏財	正財	文昌	貴門	喜門	財神	支干	農曆八月小	二〇二一國曆九月
正南	正南	西北	東北	正東	正南	正南	壬子	廿五	1
正東	正南	正北	正東	正東	東南	正南	癸丑	廿六	2
正北	中央	東北	東南	東北	東北	東南	甲寅	廿七	3
正西	中央	正東	正南	西南	西北	東南	乙卯	廿八	4
正南	正西	東南	西南	正西	西南	正西	丙辰	廿九	5
正東	正西	正南	正西	正西	正南	正西	丁巳	三十	6
正北	正北	東南	西南	西南	東南	正北	戊午	八月	7
正西	正北	正南	正西	西南	東北	正北	己未	初二	8
正南	正東	西南	西北	西南	西北	正東	庚申	初三	9
正東	正東	正西	正北	東北	西南	正東	辛酉	初四	10
正北	正南	西北	東北	正東	正南	正南	壬戌	初五	11
正西	正南	正北	正東	正東	東南	正南	癸亥	初六	12
正南	中央	東北	東南	東北	東北	東南	甲子	初七	13
正東	中央	正東	正南	正北	西北	東南	乙丑	初八	14
正北	正西	東南	西南	正西	西南	正西	丙寅	初九	15

辛丑年財喜貴煞方位表

煞方	偏財	正財	文昌	貴門	喜門	財神	支干	農曆八月小	二〇二一國曆九月
正西	正西	正南	正西	西北	正南	正西	丁卯	初十	16
正南	正北	東南	正北	東北	東南	正北	戊辰	十一	17
正東	正北	正南	正西	西南	東北	正北	己巳	十二	18
正北	正東	西南	西北	西南	西北	正東	庚午	十三	19
正西	正東	正西	正北	正南	西南	正東	辛未	十四	20
正南	正南	西北	東北	正東	正南	正南	壬申	十五	21
正東	正南	正北	正東	東南	東南	正南	癸酉	十六	22
正北	中央	東北	東南	東北	東北	東南	甲戌	十七	23
正西	中央	正東	正南	西南	西北	東南	乙亥	十八	24
正南	正西	東南	西南	正西	西南	正西	丙子	十九	25
正東	正西	正南	正西	西北	正南	正西	丁丑	二十	26
正北	正北	東南	西南	東北	東南	正北	戊寅	廿一	27
正西	正北	正南	正西	西南	東北	正北	己卯	廿二	28
正南	正東	西南	西北	東北	西北	正東	庚辰	廿三	29
正東	正東	西南	正北	東北	西南	正東	辛巳	廿四	30

辛丑年財喜貴煞方位表

二〇二一 國曆十月	農曆 九月大	支干	財神	喜門	貴門	文昌	正財	偏財	煞方
1	廿五	壬午	正南	正南	正東	東北	西北	正南	正北
2	廿六	癸未	正南	東南	正東	正東	正北	正南	正西
3	廿七	甲申	東南	東北	西南	東南	東北	中央	正南
4	廿八	乙酉	東南	西北	西南	正南	正東	中央	正東
5	廿九	丙戌	正西	西南	正西	西南	東南	正西	正北
6	九月	丁亥	正西	正南	正西	正西	正南	正西	正西
7	初二	戊子	正北	東南	東北	西北	西南	正東	正南
8	初三	己丑	正北	東北	正北	正北	正西	正東	正東
9	初四	庚寅	正東	西北	東北	東北	西北	正南	正北
10	初五	辛卯	正東	西南	東北	正東	正北	正南	正西
11	初六	壬辰	正南	正南	正東	東南	東北	中央	正南
12	初七	癸巳	正南	東南	東南	正南	正東	中央	正東
13	初八	甲午	東南	東北	西南	西南	東南	正西	正北
14	初九	乙未	東南	西北	西南	正南	正東	中央	正西
15	初十	丙申	正西	西南	正西	西南	東南	正西	正南

辛丑年財喜貴煞方位表

煞方	偏財	正財	文昌	貴門	喜門	財神	支干	農曆九月大	二〇二一國曆十月
正東	正西	正南	正西	西北	正南	正西	丁酉	十一	16
正北	正北	東南	西南	東北	東南	正北	戊戌	十二	17
正西	正北	正南	正西	西南	東北	正北	己亥	十三	18
正南	正東	西南	西北	東北	西北	正東	庚子	十四	19
正東	正東	正西	正北	東北	西南	正東	辛丑	十五	20
正北	正南	西北	東北	正東	正南	正南	壬寅	十六	21
正西	正南	正北	正東	正東	東南	正南	癸卯	十七	22
正南	中央	東北	東南	西南	東北	東南	甲辰	十八	23
正東	中央	正東	正南	正北	西北	東南	乙巳	十九	24
正北	正西	東南	西南	西北	西南	正西	丙午	二十	25
正西	正西	正南	正西	西北	正南	正西	丁未	廿一	26
正南	正南	東南	西南	西南	東南	正北	戊申	廿二	27
正東	正北	正南	正西	西南	東北	正北	己酉	廿三	28
正北	正東	西南	西北	西南	西北	正東	庚戌	廿四	29
正西	正東	正西	正北	正南	西南	正東	辛亥	廿五	30
正南	正南	西北	東北	正東	正南	正南	壬子	廿六	31

辛丑年財喜貴煞方位表

二〇二一國曆十一月	農曆十月小	支干	財神	喜門	貴門	文昌	正財	偏財	煞方
1	廿七	癸丑	正南	東南	正東	正東	正北	正南	正東
2	廿八	甲寅	東南	東北	東北	東南	東北	中央	正北
3	廿九	乙卯	東南	西北	西南	正南	正東	中央	正西
4	三十	丙辰	正西	西南	正西	西南	東南	正西	正南
5	十月	丁巳	正西	正南	正西	正西	正南	正西	正東
6	初二	戊午	正北	東南	西南	西南	東南	正北	正北
7	初三	己未	正北	東北	西南	正西	正南	正北	正西
8	初四	庚申	正東	西北	西南	西北	西南	正東	正南
9	初五	辛酉	正東	西南	東北	正北	正西	正東	正東
10	初六	壬戌	正南	正南	正東	東北	西北	正南	正北
11	初七	癸亥	正南	東南	正東	正東	正北	正南	正西
12	初八	甲子	東南	東北	東北	東南	東北	中央	正南
13	初九	乙丑	東南	西北	正北	正南	正東	中央	正東
14	初十	丙寅	正西	西南	正西	西南	東南	正西	正北
15	十一	丁卯	正西	正南	西北	正西	正南	正西	正西

辛丑年財喜貴煞方位表

煞方	偏財	正財	文昌	貴門	喜門	財神	支干	農曆十月小	二〇二一國曆十一月
正南	正北	東南	正北	東北	東南	正北	戊辰	十二	16
正東	正北	正南	正西	西南	東北	正北	己巳	十三	17
正北	正東	西南	西北	西南	西北	正東	庚午	十四	18
正西	正東	正西	正北	正南	西南	正東	辛未	十五	19
正南	正南	西北	東北	正東	正南	正南	壬申	十六	20
正東	正南	正北	正東	東南	東南	正南	癸酉	十七	21
正北	中央	東北	東南	東北	東北	東南	甲戌	十八	22
正西	中央	正東	正南	西南	西北	東南	乙亥	十九	23
正南	正西	東南	西南	正西	西南	正西	丙子	二十	24
正東	正西	正南	正西	西北	正南	正西	丁丑	廿一	25
正北	正北	東南	西南	東北	東南	正北	戊寅	廿二	26
正西	正北	正南	正西	西南	東北	正北	己卯	廿三	27
正南	正東	西南	西北	東北	西北	正東	庚辰	廿四	28
正東	正東	西南	正北	東北	西南	正東	辛巳	廿五	29
正北	正南	西北	東北	正東	正南	正南	壬午	廿六	30

辛丑年財喜貴煞方位表

二〇二一 國曆十二月	農曆 十一月大	支干	財神	喜門	貴門	文昌	正財	偏財	煞方
1	廿七	癸未	正南	東南	正東	正東	正北	正南	正西
2	廿八	甲申	東南	東北	西南	東南	東北	中央	正南
3	廿九	乙酉	東南	西北	西南	正南	正東	中央	正東
4	十一月	丙戌	正西	西南	正西	西南	東南	正西	正北
5	初二	丁亥	正西	正南	正西	正西	正南	正西	正西
6	初三	戊子	正北	東南	東北	西北	西南	正東	正南
7	初四	己丑	正北	東北	正北	正北	正西	正東	正東
8	初五	庚寅	正東	西北	東北	東北	西北	正南	正北
9	初六	辛卯	正東	西南	東北	正東	正北	正南	正西
10	初七	壬辰	正南	正南	正東	東南	東北	中央	正南
11	初八	癸巳	正南	東南	東南	正南	正東	中央	正東
12	初九	甲午	東南	東北	西南	西南	東南	正西	正北
13	初十	乙未	東南	西北	西南	正南	正東	中央	正西
14	十一	丙申	正西	西南	正西	西南	東南	正西	正南
15	十二	丁酉	正西	正南	西北	正西	正南	正西	正東

辛丑年財喜貴煞方位表

二〇二一 國曆十二月	農曆 十一月大	支干	財神	喜門	貴門	文昌	正財	偏財	煞方
16	十三	戊戌	正北	東南	東北	西南	東南	正北	正北
17	十四	己亥	正北	東北	西南	正西	正南	正北	正西
18	十五	庚子	正東	西北	東北	西北	西南	正東	正南
19	十六	辛丑	正東	西南	東北	正北	正西	正東	正東
20	十七	壬寅	正南	正南	正東	東北	西北	正南	正北
21	十八	癸卯	正南	東南	正東	正東	正北	正南	正西
22	十九	甲辰	東南	東北	西南	東南	東北	中央	正南
23	二十	乙巳	東南	西北	正北	正南	正東	中央	正東
24	廿一	丙午	正西	西南	西北	西南	東南	正西	正北
25	廿二	丁未	正西	正南	西北	正西	正南	正西	正西
26	廿三	戊申	正北	東南	西南	西南	東南	正南	正南
27	廿四	己酉	正北	東北	西南	正西	正南	正北	正東
28	廿五	庚戌	正東	西北	西南	西北	西南	正東	正北
29	廿六	辛亥	正東	西南	正南	正北	正西	正東	正西
30	廿七	壬子	正南	正南	正東	東北	西北	正南	正南
31	廿八	癸丑	正南	東南	正東	正東	正北	正南	正東

辛丑年財喜貴煞方位表

二〇二二國曆一月	農曆十二月小	支干	財神	喜門	貴門	文昌	正財	偏財	煞方
1	廿九	甲寅	東南	東北	東北	東南	東北	中央	正北
2	三十	乙卯	東南	西北	西南	正南	正東	中央	正西
3	十二月	丙辰	正西	西南	正西	西南	東南	正西	正南
4	初二	丁巳	正西	正南	正西	正西	正南	正西	正東
5	初三	戊午	正北	東南	西南	西南	東南	正北	正北
6	初四	己未	正北	東北	西南	正西	正南	正北	正西
7	初五	庚申	正東	西北	西南	西北	西南	正東	正南
8	初六	辛酉	正東	西南	東北	正北	正西	正東	正東
9	初七	壬戌	正南	正南	正東	東北	西北	正南	正北
10	初八	癸亥	正南	東南	正東	正東	正北	正南	正西
11	初九	甲子	東南	東北	東北	東南	東北	中央	正南
12	初十	乙丑	東南	西北	正北	正南	正東	中央	正東
13	十一	丙寅	正西	西南	正西	西南	東南	正西	正北
14	十二	丁卯	正西	正南	西北	正西	正南	正西	正西
15	十三	戊辰	正北	東南	東北	正北	東南	正北	正南

辛丑年財喜貴煞方位表

煞方	偏財	正財	文昌	貴門	喜門	財神	支干	農曆十二月小	二〇二二國曆一月
正東	正北	正南	正西	西南	東北	正北	己巳	**十四**	16
正北	正東	西南	西北	西南	西北	正東	庚午	**十五**	17
正西	正東	正西	正北	正南	西南	正東	辛未	**十六**	18
正南	正南	西北	東北	正東	正南	正南	壬申	**十七**	19
正東	正南	正北	正東	東南	東南	正南	癸酉	**十八**	20
正北	中央	東北	東南	東北	東北	東南	甲戌	**十九**	21
正西	中央	正東	正南	西南	西北	東南	乙亥	**二十**	22
正南	正西	東南	西南	正西	西南	正西	丙子	**廿一**	23
正東	正西	正南	正西	西北	正南	正西	丁丑	**廿二**	24
正北	正北	東南	西南	東北	東南	正北	戊寅	**廿三**	25
正西	正北	正南	正西	西南	東北	正北	己卯	**廿四**	26
正南	正東	西南	西北	東北	西北	正東	庚辰	**廿五**	27
正東	正東	西南	正北	東北	西南	正東	辛巳	**廿六**	28
正北	正南	西北	東北	正東	正南	正南	壬午	**廿七**	29
正西	正南	正北	正東	正東	東南	正南	癸未	**廿八**	30
正南	中央	東北	東南	西南	東北	東南	甲申	**廿九**	31

辛丑年財喜貴煞方位表

二〇二一國曆二月	農曆正月大	支干	財神	喜門	貴門	文昌	正財	偏財	煞方
1	**正月**	乙酉	東南	西北	西南	正南	正東	中央	正東
2	**初二**	丙戌	正西	西南	正西	西南	東南	正西	正北
3	**初三**	丁亥	正西	正南	正西	正西	正南	正西	正西
4	**初四**	戊子	正北	東南	東北	西北	西南	正東	正南
5	**初五**	己丑	正北	東北	正北	正北	正西	正東	正東
6	**初六**	庚寅	正東	西北	東北	東北	西北	正南	正北
7	**初七**	辛卯	正東	西南	東北	正東	正北	正南	正西
8	**初八**	壬辰	正南	正南	正東	東南	東北	中央	正南
9	**初九**	癸巳	正南	東南	東南	正南	正東	中央	正東
10	**初十**	甲午	東南	東北	西南	西南	東南	正西	正北
11	**十一**	乙未	東南	西北	西南	正南	正東	中央	正西
12	**十二**	丙申	正西	西南	正西	西南	東南	正西	正南
13	**十三**	丁酉	正西	正南	西北	正西	正南	正西	正東
14	**十四**	戊戌	正北	東南	東北	西南	東南	正北	正北
15	**十五**	己亥	正北	東北	西南	正西	正南	正北	正西

辛丑年財喜貴煞方位表

二〇二二國曆二月	農曆正月大	支干	財神	喜門	貴門	文昌	正財	偏財	煞方
16	十六	庚子	正東	西北	東北	西北	西南	正東	正南
17	十七	辛丑	正東	西南	東北	正北	正西	正東	正東
18	十八	壬寅	正南	正南	正東	東北	西北	正南	正北
19	十九	癸卯	正南	東南	正東	正東	正北	正南	正西
20	二十	甲辰	東南	東北	西南	東南	東北	中央	正南
21	廿一	乙巳	東南	西北	正北	正南	正東	中央	正東
22	廿二	丙午	正西	西南	西北	西南	東南	正西	正北
23	廿三	丁未	正西	正南	西北	正西	正南	正西	正西
24	廿四	戊申	正北	東南	西南	西南	東南	正南	正南
25	廿五	己酉	正北	東北	西南	正西	正南	正北	正東
26	廿六	庚戌	正東	西北	西南	西北	西南	正東	正北
27	廿七	辛亥	正東	西南	正南	正北	正西	正東	正西
28	廿八	壬子	正南	正南	正東	東北	西北	正南	正南

五

辛丑年風水運用大全

辛丑年九宮飛星大解析

九宮飛星的理論認為，代表不同意義的「九星」每年會落在九個不同的方位上，而這九星依照固定的循環，每九年重複一次。又因為位置的轉換是以「年」為單位，因此又被稱作「流年方位」。這九星各自代表不同的意義，主宰人們一年的運勢，對於各方面產生影響。（關於九宮飛星圖的詳細解說與運用方式，可參考《謝沅瑾財運風水教科書》）

九星的種類與意義

一白、貪狼星，主桃花文職：

易遇桃花感情之姻緣情事，同時亦加強官運與財運。

二黑、巨門星，主身心病痛：

外在病痛不斷，內在煩憂頻起，內外交攻永無寧日。

三碧、祿存星，主官非鬥爭：

易遭官非訴訟纏身不休，或遇致使殘廢之病痛意外。

四綠、文昌星，主讀書考試：

加強讀書效果，頭腦判斷能力，強化考運與升職運。

五黃、廉貞星，主災病凶煞：

宜靜不宜動，貿然動土喪葬者必遭凶煞，非死即傷。

六白、武曲星，主軍警官運：

使軍警職易獲拔擢，升遷快速順暢，最終威權震世。

七赤、破軍星，主盜賊破財：

居家出外易遭盜賊，身邊亦有小人環伺，災禍不斷。

八白、左輔星，主富貴功名：

富貴功名源源不絕，能化凶神為吉星，發財又添丁。

九紫、右弼星，主福祿喜事：

能趕煞催貴，遇之必有喜事臨門，有情人終成眷屬。

九星涵蓋了各種福祿壽喜、生老病死之事，也因此每一星的位置好壞與運用都是不能輕忽之事，如果能夠了解每一年的流年方位，並加以妥善運用，對於個人的運勢將會有很不錯的提升。

二〇二一辛丑年九宮飛星圖

	東南	南	西南	
	五黃土	一白水	三碧木	
東	四綠木	六白金	八白土	西
	九紫火	二黑土	七赤金	
	東北	北	西北	

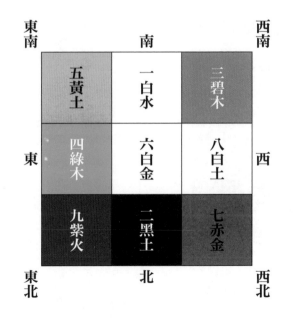

辛丑年方位運用及運勢提升之道

流年財位與招財法

九宮飛星所代表的財位，因為每年不同，又叫作流年財位。在九宮飛星中代表財運的星有「一白、六白、八白」，也分別代表了「文官官運財運」、「武官官運財運」以及「整體財運」。經過正確運用，能催動家中真財位，強化財運。

不同職業與不同發展方向的人，要催的財位就不同。像是公務人員希望能夠加薪升官，就要催動「一白」星。若是軍警保全等，想要能有更好的晉升管道，那就要催動「六白」星。而如果是上班族、經商者，或者是不管是哪一種人，就可以使用「八白」星來催動整體財運。

從事文職工作的人，可以在一白的位置上放文昌筆，點旺文昌。

⊙一白財位

二〇二一**年的文星（文曲星）也就是一白星的位置在南方**，從事文職工作的人，可以在這個位置上放文昌筆，點旺文昌，讓思緒更加文思泉湧，靈感源源不絕。另外，在事業工作上面如果想要有所突破，增加人緣，也可以在這個位置上擺放粉水晶。從事文職內勤工作的人，如果房子的這個方位剛好有開窗的話，在事業工作上加分就會特別多。

⊙ 六白財位

六白星也就是武曲的位置，主要針對跑外勤，甚至軍人、警察，軍警職這類工作的人，二〇二一**年的六白位在正中央**，如果想在今年爭取晉升、升遷、遠調的機會，建議可以在這個位置上擺放馬匹飾品，最好是前面兩隻腳抬起的馬，頭朝外擺放，民俗上代表驛馬星動，表示比較有升遷或遠調的機會。馬的材質建議使用金屬，其次為原木，第三是玻璃材質。但如果工作已經很穩定者，建議馬匹擺放方向相反，頭朝內，樣子為四隻腳著地，所以如果馬背放錢，代表「馬上有錢」，意味著財運上有提升。馬背上放猴子，代表「馬上封侯」。

⊙ 八白財位

八白星也就是左輔星的位置，今年來到西方，不僅是上班、公職或經商，即使只是擺個攤位，都可以運用這個位置來催旺財運。另外，在寺廟中求到的發財金，也可以擺放這個位置上，加分比較多。

東南	南	西南
	一白水	
東	六白金	八白土 西
東北	北	西北

流年桃花位與招桃法

對於桃花位的應用，大多數的人都存有誤解，以為招桃花僅針對男女間的感情。其實「桃花」可以區分為「姻緣桃花」與「人緣桃花」。「姻緣桃花」就是我們一般所認識的、針對男女感情的桃花，如果能招到好的姻緣桃花，就能夠找到好對象，也比較有機會獲得好的姻緣。

另一種是「人緣桃花」，這種桃花代表的是個人與他人之間的交情、友誼。有好的「人緣桃花」，對於人際關係的促進有很大的幫助。對應到日常生活中，如果從事需要密切與人來往的職業，像是業務員、房仲業者、商店販售的店員等，如果能夠適當的增強自己的人緣桃花，對於業績也會有很大的幫助。

未婚者希望有好對象，可以在流年桃花位上放置粉水晶，有助於提升運勢。

在九宮飛星圖中掌管桃花的有一白。根據九宮飛星圖的流年方位，**今年一白星落在南方的位置，因此今年的流年桃花位就在南方**。如果未婚者希望有好對象，可以在這個位置上放置粉水晶或裝水的容器裡放入粉晶，有助於提升運勢。如果是已婚者希望能讓自己有好人緣，可以擺設紫水晶，會幫助促進人際關係，也會增強判斷力。

另外，九宮飛星中的九紫星，一般認為是能招來喜事、催動姻緣。**今年的九紫星位在東北方**，可以在這個方位上擺放在月老廟求得的紅線，可以為感情加分。

⊙ 桃花位的維護

在桃花位擺放招桃花的物品來催動桃花之後，並不表示就可以安心的不去管它。平時也要特別注意桃花位的維護。

如果桃花位髒亂，或者用來擺垃圾桶，在感情上就會很容易遭小人破壞，導致感情破裂。

如果桃花位上擺放髒衣服或是雜物，代表感情容易有遇人不淑、所遇非人的狀況。因為桃花位上堆滿雜物，象徵著感情的狀況錯綜複雜。

如果桃花位完全的空曠或者過度清潔，也不太好，暗示著感情會一乾二淨，感情上容易有缺口經常沒有對象。桃花位如果沒有要加以運用，也最好是保持整齊、清潔，給予適當的照明，才能避免招來爛桃花，並打壞自己的好人緣。

流年文昌與催旺法

九宮飛星中掌管考運的文昌位是為四綠星。**今年的四綠星也就是文昌位於東方**，對於學生、考公職的人都可以運用這個位置來催旺運勢。有打算考試或是家中有正在求學的小孩，可以在家中**東方**的位置設置書桌，在文昌位上讀書，將有助於集中精神，提升考運。

另外催旺文昌最常見的方式是點燈，古人用油燈，現代可用檯燈或立燈來代替，在燈上綁上紅布條、紅線或紅繩，不僅對於家裡人的考運能加分，也代表開智慧。也可以運用文昌塔，民間認為文昌塔有貴子之意，就是小孩子考取功名、富貴的意思。但是塔型的高度，應該以奇數為主，一般最高是十三層，可使用五層、七層、九層，越高代表層級越好。在文昌位上也可擺放文房四寶，或者是懸掛文昌筆，以及貼上獨占鰲頭的鰲的圖像或魁星踢斗圖，對於讀書或者是頭腦判斷能力都會有提升。另外也可以擺放紫水晶，可以增強注意力與記憶力，幫助思路清晰，相對的就容易獲得好成績。

如果流年文昌位正好落在廁所的時候，對於判斷分析跟理解能力會有負面影響。建議在廁所內擺放土種黃金葛並且以燈照射，來化解。

正確的書桌擺設，也能幫助提升運氣。書桌或辦公桌最好的擺設方式為：桌面的左邊放置電腦與電話，桌面的右邊則放置文件與文具。這樣的擺放方式能營造出一種安心的氣氛，讓坐在書桌前的人能夠專心的讀書或辦公。

書桌上也可以放置紫水晶，形狀最好是圓形，可以加強思緒清晰。特別要注意的是，像美工刀、剪刀等利器，最好都封好收起來，以免利刃傷害了好機會以及好考運。

如果家中的流年文昌位，正巧落在廁所，建議在廁所內擺放土種黃金葛加上燈照來化解。

流年災病方位與避除法

九宮飛星中有二個要特別注意的星宿，分別為二黑與五黃，是要特別注意防範的方位。

其中二黑代表了「巨門星」，主「身心病痛」，民俗上也代表病符的位置，**今年剛好落在北方**，因此在居家流年風水中，要特別注意的便是避免在這個方位睡覺，以防容易生病，如果房間在這方位者，在這年最好能換房睡覺，也建議在這個方位上擺放龜殼、葫蘆或者是千鶴圖，對於健康方面有加分的效果，不過，要記住千鶴圖千萬不能放上面有畫太陽的，因為那意味著日落西山、駕鶴西歸，千萬要注意！

五黃則代表了「廉貞星」，今年落在東南方，主的是「災病凶煞」，是可能會帶來災難病痛的凶星，而且通常是指關於血光的部分，容易受傷、開刀或者有意外傷害。最忌諱的就是動土，因此在居家流年風水中，要特別注意的便是避免在這個方位動土，不管是裝潢、油漆、修改隔間……等，最好都能**先避開東南方**，並延到明年後再行施工，也要避免在此方位睡覺。

要注意的是，**如果居家外面、對面跟東南方的方位，如果剛好有人動土，家中也會受到五黃煞氣的影響**，一般來說，可以在面對動工的方位上，擺放龜殼來化解。

流年二黑位不宜在此睡覺，並建議擺放龜殼來提升健康運。

此外，位於**西南方的三碧木**，一般來說會帶來官非跟盜賊的影響，也盡量不在這個方位動土。**位於西北方的七赤金**，代表破軍星，是盜賊之星，通常在這個方位動工或裝潢，意味著容易遭小偷，也要盡量避免。

東南	南	西南
五黃土		三碧木
東		西
	二黑土	七赤金
東北	北	西北

二〇二一辛丑年九宮方位應用圖

東南	南	西南
勿動土	招財運 招桃花	勿動土
招文昌（東）	招財運	招財運（西）
招姻緣 桃花	勿睡此	勿動土
東北	北	西北

今年的太歲方

今年太歲方在丑方（東北方），而今年歲破方則在太歲方對面的未方（西南方）。

我們常聽人說的「太歲頭上動土」，代表一個人不知好歹，做了不該做的事，惹了不該惹的人，因此準備要倒大楣了。其由來便是民俗上認為每年的太歲星君，都會固定降臨在家中的某個方位（例如**今年是丑方**），那個方位在今年中，便會成為太歲星君的「專屬方位」。因此如果在這個方位動土，就好像打擾到了太歲星君，可能會使得太歲星君不高興，住家運勢自然可能因而下降。另外要注意的是，歲破方也不能動土。

今年的太歲星君為「楊信大將軍」。

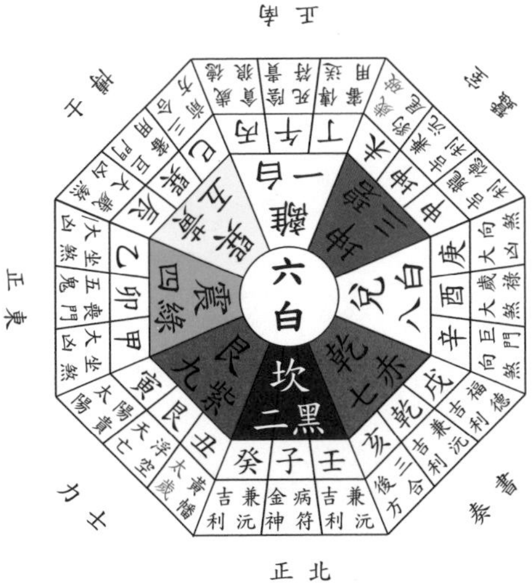

六

辛丑年命名大全

姓名學概述

漢字是相當獨特的一種文字，與西方字母不同，漢字是由一筆一畫構成的方塊文字。一個方塊字裡頭，不僅有「象」、有「數」、有「音」也有「義」，亦即《說文解字》提到的：「象形、指事、會意、形聲、轉注、假借。」

從姓名學的角度來說，八字走的是先天命，名字走的是後天運。漢字中的每一個部分都與陰陽五行有所呼應。所以在中國古代，人們便會利用漢字來占卜吉凶禍福，可見漢字不只是單純的文字，更包含著無數的資訊與深意。因此運用在名字上面，對於一個人的影響之大，就不得不謹慎。名字的好壞，關係一個人一生的事業、婚姻、健康乃至親子關係的優劣。

傳統姓名學認為姓名的組合，要考慮許多面向，包括字義、屬性組合、三才、五行、筆劃、生肖、甲骨、八字……要判斷一個人的姓名是否適合，對運勢是否有加分，有兩個重要的步驟：

1 先排出正確的姓名筆劃。

2 針對人格、地格、外格、總格的筆劃來判斷。

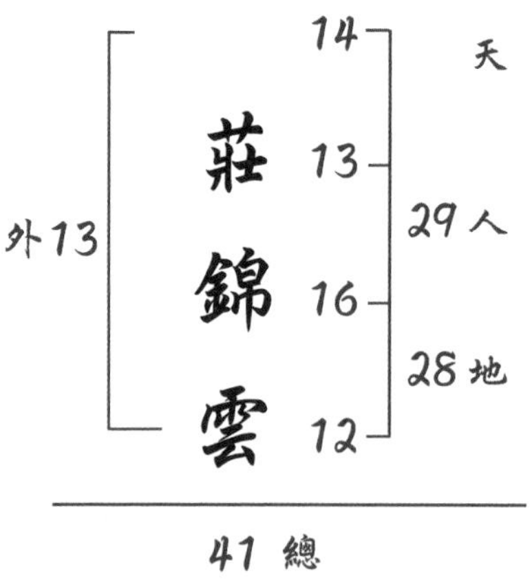

辛丑年出生者命名注意事項

適合的部首

「水」「金」的部首

今年是辛丑年，天干辛屬金，以五行上來說，使用含有「水」字旁和「金」字旁的字命名會加分較多。另外，牛喜歡泡水，因此「水」也代表有舒適的空間跟環境，而「金」的部首也代表使用好的器具，象徵升格。

「戊」「己」「土」「庚」「辛」的部首

「戊」、「己」、「土」屬土，助旺天干的辛的金；「庚」、「辛」屬金，加分多。

「牛」「丑」「巳」「虫」「酉」的部首

今年為牛年，地支丑，以格局來看，「牛」、「蛇」、「雞」形成三合，因此姓名中有「虫」、「巳」、「酉」、「奚」、「隹」等這些部首都能提升運勢。

「子」「鼠」「亥」「豕」「者」的部首

以生肖六合、三會格局來看，這些部首都能加分。

「艹」「豆」「米」「禾」「木」的部首

這些都代表食物本身或食物的來源，象徵有東西吃，有食有祿，用在姓名上加分多。

「宀」「冖」的部首

代表遮風避雨的地方，有良善的環境與居住空間，另外也表示與家人相處融洽，人際關係好。

「亻」（人字旁）的部首

代表有周遭有人，牛可以得到良好的照顧。

不適合的部首

「丙」「丁」「火」的部首

今年是辛丑年，天干屬金，以五行上來說，因為火剋金，使用含有「丙」、「丁」「火」部首的字，扣分較多。

「羊」「未」「犬」「辰」「馬」的部首

辛丑年生肖為牛，牛與屬羊呈現刑、沖之勢；羊與屬狗相刑，容易產生溝通問題；羊與龍為破，暗示爭執口角是非；羊與馬相害，古人說「從來白馬怕青牛」，牛跟馬為六害，主損財，互相拖累，造成金錢損失。

「月」（肉）的部首

牛吃草不吃肉，這代表看得到卻不能吃或吃不到，隱喻孤獨潦倒的意思。

「大」「長」「巾」「衤」「彡」的部首

象徵披上彩衣準備祭祀的牛，暗指犧牲奉獻卻沒有得到回報。

「火」的部首

牛怕火，忌諱之，容易遭到驚嚇，隱喻血光、意外，身弱短壽。

「田」「車」的部首

古代牛的用途是下田耕作，或者是拖車行走，代表辛勤勞苦的意思。

「石」「山」的部首

石頭代表重物，如果人不夠力量，就會用牛去拖，象徵辛苦。

山則代表不是平地的地方，比較不適合牛生存，象徵糧食缺乏、孤獨、刑剋、六親緣薄。

「血」「刀」「糸」的部首

血跟刀代表宰殺、血光，糸代表繩索、束縛、限制，這幾個字的部首建議避開。

「力」「几」的部首

力字為勞動，几象徵牛軛，代表辛苦、束縛，因此不建議使用。

男生

正月生 孤獨格，個性稍微孤僻。

三月生 破月，不適合入贅、住女方家。

五月生 帶桃花兼重婚，感情機會多，婚姻比較會有變數，容易二婚，建議盡量晚婚，注意命名。

六月生 帶鐵掃，入贅或住女方家比較會有影響。

七月生 帶亡神煞，取名時要留意，另外就是盡量避免疾病喪葬的場合。

女生

四月生　破月，對婚姻感情較有影響，命名時要特別注意。

五月生　帶桃花，感情上比較豐富，或是可以靠外貌生財，但要避免變成桃花煞。

六月生　再嫁，婚姻易有變數，取名字要注意相關的問題。

七月生　帶亡神煞，建議晚婚，取名時要留意，另外就是盡量避免疾病喪葬的場合。

九月生　帶鐵掃兼寡宿，不適合住男方家，也最好要晚婚，取名時要留意筆畫和相關的組合。

姓名八十一數吉凶靈動表

筆劃數	吉凶	詩評
一劃	吉	大展鴻圖，信用得固，無遠弗屆，可獲成功。
二劃	凶	根基不固，搖搖欲墜，一盛一衰，勞而無功。
三劃	吉	根深蒂固，蒸蒸日上，如意吉祥，百事順遂。
四劃	凶	坎坷前途，苦難折磨，非有毅力，難望成功。
五劃	吉	陰陽和合，生意興隆，名利雙收，後福重重。
六劃	吉	萬寶雲集，天降幸運，立志奮發，可成大功。
七劃	吉	專心經營，和氣致祥，排除萬難，必獲成功。
八劃	吉	努力發達，貫徹志望，不忘進退，成功可期。
九劃	凶	雖抱奇才，有才無命，獨營無力，財力難望。

筆劃數	吉凶	詩評
十劃	凶	烏雲遮月，暗淡無光，空費心力，徒勞無功。
十一劃	吉	草木逢春，枯葉沾露，穩健著實，必得人望。
十二劃	凶	薄弱無力，孤立無搖，外祥內苦，謀事難成。
十三劃	吉	天賦吉運，能得人望，善用智慧，必獲成功。
十四劃	大凶	忍得苦難，必有後福，是成是敗，惟靠堅毅。
十五劃	吉	謙恭做事，外得人和，大事成就，一定興隆。
十六劃	吉	能獲眾望，成就大業，名利雙收，盟主四方。
十七劃	吉	排除萬難，有貴人助，把握時機，可得成功。
十八劃	吉	經商做事，順利昌隆，如能慎始，百事亨通。

十九劃	**大凶**	成功雖早，慎防空虧，內外不合，障礙重重。
二十劃	**大凶**	智高志大，歷盡艱難，焦心憂勞，進退兩難。
二十一劃	**吉**	專心經營，善用智慧，霜雪梅花，春來怒放。
二十二劃	**凶**	秋草逢霜，懷才不遇，憂愁怨苦，事不如意。
二十三劃	**吉**	旭日昇天，名顯四方，漸次進展，終成大業。
二十四劃	**吉**	錦繡前程，須靠自力，多用智謀，能奏大功。
二十五劃	**吉**	天時地利，再得人和，講信修睦，即可成功。
二十六劃	**凶**	波瀾起伏，千變萬化，凌駕萬難，必可成功。
二十七劃	**凶帶吉**	一成一敗，一盛一衰，惟靠謹慎，可守成功。
二十八劃	**大凶**	魚臨旱地，難逃惡運，此數大凶，不如更名。
二十九劃	**吉**	如龍得雲，青雲直上，智謀奮進，才略奏功。
三十劃	**凶**	吉凶參半，得失相伴，投機取巧，如賽一樣。
三十一劃	**吉**	此數大吉，名利雙收，漸進向上，大業成就。
三十二劃	**吉**	池中之龍，風雲際會，一躍上天，成功可望。
三十三劃	**吉**	不可意氣，善用智慧，如能慎始，必可昌隆。
三十四劃	**大凶**	災難不絕，難望成功，此數大凶，不如更名。
三十五劃	**吉**	中吉之數，進退保守，生意安穩，成就可期。
三十六劃	**凶**	波瀾重疊，常陷窮困，動不如靜，有才無命。
三十七劃	**吉**	逢凶化吉，吉人天相，風調雨順，生意興隆。
三十八劃	**凶帶吉**	名雖可得，利則難獲，藝界發展，可望成功。
三十九劃	**吉**	雲開見月，雖有勞碌，光明坦途，指日可期。
四十劃	**吉帶凶**	一盛一衰，浮沉不定，知難而退，自獲天佑。

筆劃數	吉凶	詩評
四十一劃	吉	天賦吉運，德望兼備，繼續努力，前途無限。
四十二劃	吉帶凶	事業不專，十九不成，專心進取，可望成功。
四十三劃	吉帶凶	雨夜之花，外祥內苦，忍耐自重，轉凶為吉。
四十四劃	凶	雖用心計，事難遂願，貪功好進，必招失敗。
四十五劃	吉	楊柳遇春，綠葉發枝，衝破難關，一舉成名。
四十六劃	凶	坎坷不平，艱難重重，若無耐心，難望有成。
四十七劃	吉	有貴人助，可成大業，圓滿無疑，福及子孫。
四十八劃	吉	美化豐實，鶴立雞群，名利俱全，繁榮富貴。
四十九劃	凶	遇吉則吉，遇凶則凶，惟靠謹慎，逢凶化吉。
五十劃	吉帶凶	吉凶互見，一成一敗，凶中有吉，吉中有凶。

筆劃數	吉凶	詩評
五十一劃	吉帶凶	一盛一衰，沉浮不常，自重自處，可保平安。
五十二劃	吉	草木逢春，枯葉沾露，福自天降，財源廣進。
五十三劃	吉帶凶	盛衰參半，外祥內苦，先吉後凶，先凶後吉。
五十四劃	大凶	雖傾全力，難望成功，此數大凶，最好改名。
五十五劃	吉帶凶	外觀隆昌，內隱禍患，克服難關，開出泰運。
五十六劃	凶	事與願違，終難成功，欲速不達，有始無終。
五十七劃	吉	努力經營，時來運轉，曠野枯草，春來花開。
五十八劃	凶帶吉	半凶半吉，沉浮多端，始凶終吉，能保成功。
五十九劃	凶	遇事猶疑，難望成事，大刀闊斧，始可有成。
六十劃	凶	黑暗無光，心迷意亂，出爾反爾。難定方針。

六十一劃	**吉帶凶**	雲遮半月，百隱風波，應自謹慎，始保平安。
六十二劃	**凶**	煩悶懊惱，事事難展，自防災禍，始免困境。
六十三劃	**吉**	萬物化育，繁榮之象，專心一意，必能成功。
六十四劃	**凶**	見異思遷，十九不成，徒勞無功，不如更名。
六十五劃	**吉**	吉運自來，能享盛名，把握機會，必獲成功。
六十六劃	**凶**	黑夜漫長，進退維谷，內外不和，信用缺乏。
六十七劃	**吉**	時來運轉，事事如意，功成名就，富貴自來。
六十八劃	**吉**	思慮周詳，計畫力行，不失先機，可望成功。
六十九劃	**凶**	動搖不安，常陷逆境，不得時運，難得利潤。
七十劃	**凶**	慘淡經營，難免貧困，此數不吉，最好改名。
七十一劃	**吉帶凶**	吉凶參半，惟賴勇氣，貫徹力行，始可成功。

七十二劃	**凶**	利害混集，凶多吉少，得而復失，難以安順。
七十三劃	**吉**	安樂自來，自然吉祥，力行不懈，終必成功。
七十四劃	**凶**	利不及費，坐食山空，如無智謀，難望成功。
七十五劃	**吉帶凶**	吉中帶凶，欲速不達，進不如守，可保安祥。
七十六劃	**大凶**	此數大凶，破產之象，宜速改名，以避厄運。
七十七劃	**吉帶凶**	先苦後甘，先甘後苦，如能守成，不致失敗。
七十八劃	**吉帶凶**	有得有失，華而不實，須防劫財，始保平安。
七十九劃	**凶**	如走夜路，前途無光，希望不大，勞而無功。
八十劃	**吉帶凶**	得而復失，枉費心機，守成無貪，可保安穩。
八十一劃	**吉**	最極之數，還本歸元，能得繁榮，發達成功。

辛丑年出生者適合職業解析

傳統的風水觀念中，認為這世界上的萬物都是由「金木水火土」所構成，這五行的「相生」、「相剋」，構成了萬物的變化。五行對照的不僅是天上的星辰與地上的物質，在傳統風水觀念中，方位、數字、顏色、時間、乃至人體構造與職業，都有各自的五行屬性。

在「五行」的觀念中，每個人也有各自的「五行屬性」，一旦了解所屬的五行，便可知道自己目前所從事的學習或職業，是不是符合本身的屬性，也可以依此作為對於未來規劃的參考。

對於家長來說，找出小孩子的性向往往是困難的一件事，如果能夠從小就找出適合孩子發展的方向，並適切的輔助引導孩子，對於孩子日後的學習或是就業都容易產生加分的作用。

簡單的說，在一開始挑選科系或職業上，如果能夠依照「五行相生」的原則，避開相剋的情形，不僅讀書與工作能事半功倍，也比較容易獲得好的發展與機會。如果正處於人生的十字路口，也可以依此原則來看看是否需要轉換跑道。

讀者可從下頁之「辛丑年曆」中找出出生時的「干支日」，再依據「日干與五行對照」，便能推算出今年出生之人所代表之「易經卦象」。

而在「適合職業」的判定上，則須同時將「出生季節」考慮進去，對出生季節的判定，是以農民曆中的「節氣」為基準。將一年以「立春」、「立夏」、「立秋」、「立冬」這四個日子區分為春夏秋冬四個季節，在「立夏」後、「立秋」前出生者，其出生季節即為「夏」。

出生日期與易經卦象對照表

出生日期	易經卦象
日干甲、乙	木
日干丙、丁	火
日干戊、己	土
日干庚、辛	金
日干壬、癸	水

若是出生於交節氣的當天又怎麼計算呢？事實上「交節氣」是指太陽在某個時點開始走入下一個節氣，所以是以「某日某時」為時間點，過了交節氣該日的該時辰之後，才轉為下一個季節。

而同一屬性，出生季節卻不同的人，在特性上便會有所不同。例如：「火」可以代表火焰，夏天已為躁熱的天氣型態，此時若再不小心火燭，恐因「木」材助燃而釀成火災。因此「夏月之火」便不適合「木」。但如果是「冬月之火」，由於「火」在寒冷的冬日裡顯得微弱，不容易燃燒起來，若是加了「木」材就能燃燒得更旺，藉以取暖過冬。所以季節與屬性的搭配十分重要。

找出孩子所屬的「四時屬性」後，便可以對照「出生季節卦象與適合職業對照表」，找出最適合的職業屬性，再從下面的「五行職業列表」中，就可以找到最適合孩子的發展方向了。

屬金性行業

與金（金屬、工具、金錢）相關行業：

金銀珠寶業經銷販售、金屬業、貴金屬；五金礦業、冶金、工程、開礦、伐木、刀模、機械、兵工廠、機車行、汽車維修、鎖匙行、修鞋、五金行、武術、音響店、手機行、鐘錶行、眼鏡行、玻璃明鏡店、鋁門窗製作、獎牌徽章店、電器經銷販售、電子器材經銷販售；金融、貿易、經濟、會計、銀行、證券、基金會、彩券行、租車行、網咖、電腦美工設計、動畫師、電話交友、打字員。

屬堅硬性、主動性、主宰性之行業：

軍人、警察、保全、大樓管理員、警衛、討債公司、催帳員、徵信社、外勤公務員、運動、科學、科技、大法官、民意代表、交通事業、司機、鑑定業。

屬木性行業

與木（木材、紙筆布料、藥材）相關行業：

木材、林業、木工、傢俱、裝潢、木器製造業、特殊動植物生長之學者、植物栽種實驗人員、種植花草樹果業、茶葉種植販售；造紙、纖維、紡織、文具行、影印店、出版社、文藝界、文化事業編輯、作家、校稿員、內勤公務人員、司法警政人員、保健醫療器材、保健衛生、健康食品、醫生、藥劑師、護士、按摩師。

屬心靈導引、潛移默化之行業：

僧侶、教授、教師、心理醫師、命理師、舞蹈老師、比丘、比丘尼。

屬水性行業

與水（水、海河、冰）相關行業：

水利、航海業、消防業、溫泉業、酒類經銷販售、醬油、浴室、清潔人員；釣具、泳具、水產、漁貨、船員、漁具相關行業；冷飲業、冷凍。冷藏食品、日本料理、飲茶室、冰果室、冷氣。

屬流動性之行業：

流動性之攤販、外交人員、業務人員、仲介、旅遊業、玩具販售、魔術師、特技人員、特殊表演業、遊樂場、電影院、搬家業、送報員、派報員、送羊牛奶員、跑單幫、市調人員（問卷訪問、計次人員）、空勤人員、記者、偵探、演藝業、服務業（餐廳、飲食店、喫茶店、酒家、酒吧、接待業、旅館）、劇團、自由業、行銷企畫人員、研究、調查、分析。

屬火性行業

與火（火、光、熱、電）相關行業：

冶金、化學、瓦斯、高溫物品、高溫餐飲業廚師、外燴廚師、食品業；照明設備、放映師、錄音師、攝影師、相片館、攝影器材販售、製片業、燈光師；手工藝品、機械加工、食物模型製作、陶瓷製造、工藝、玩具製造、理燙髮業、美容瘦身、修護業、印製業、油品、酒類釀造、汽鍋、暖氣；電氣（發電、機具、工廠）。

具影響性之行業：

評論家、心理學家、演說家、文學（文學研究出版經銷、語文學）、排版、雜誌、新聞、傳播媒體、廣告業、舞台燈光音響、招牌、法律、繪畫、樂器、地毯、窗簾、服飾、衣帽、服裝設計、圖案、裝飾、美工、美容、美術、化妝、美容業、登山用品、玩具槍店、百貨業、十元商店、雕刻、古董。

屬土性行業

與土（土地、土木）相關行業：

畜牧業、蔬果販賣商、農畜百業、農業、林業、園藝、礦業、運輸、倉儲、房地產買賣、當舖、古董家、鑑定師、仲介業、代書、律師、法官、管理、設計、顧問、秘書、會計人員、會計師；水泥業、建築業（木工、水泥工、粗工）、垃圾場、停車場、水晶販售、陶瓷、碗盤販售、防水事業、製糊業。

與喪葬有關行業：

葬儀社、靈骨塔、宗教人員、以及所有宗教行業包括金燭店、車鼓陣、誦經團。

辛丑年年曆

110 年 2 月		110 年 1 月		國曆
正月小		十二月大		農曆
庚寅		己丑		干支
2 月 18 日 雨水酉時 18 時 44 分	2 月 3 日 立春亥時 22 時 59 分	1 月 20 日 大寒寅時 4 時 40 分	1 月 5 日 小寒午時 11 時 23 分	節氣 （國曆）
支干	農曆正月	支干	農曆十二月	國曆
庚辰	二十	己酉	十八	1
辛巳	廿一	庚戌	十九	2
壬午	廿二	辛亥	二十	3
癸未	廿三	壬子	廿一	4
甲申	廿四	癸丑	廿二	5
乙酉	廿五	甲寅	廿三	6
丙戌	廿六	乙卯	廿四	7
丁亥	廿七	丙辰	廿五	8
戊子	廿八	丁巳	廿六	9
己丑	廿九	戊午	廿七	10
庚寅	三十	己未	廿八	11
辛卯	正月	庚申	廿九	12
壬辰	初二	辛酉	十二月	13
癸巳	初三	壬戌	初二	14
甲午	初四	癸亥	初三	15
乙未	初五	甲子	初四	16
丙申	初六	乙丑	初五	17
丁酉	初七	丙寅	初六	18
戊戌	初八	丁卯	初七	19
己亥	初九	戊辰	初八	20
庚子	初十	己巳	初九	21
辛丑	十一	庚午	初十	22
壬寅	十二	辛未	十一	23
癸卯	十三	壬申	十二	24
甲辰	十四	癸酉	十三	25
乙巳	十五	甲戌	十四	26
丙午	十六	乙亥	十五	27
丁未	十七	丙子	十六	28
		丁丑	十七	29
		戊寅	十八	30
		己卯	十九	31

辛丑年年曆

國曆	110 年 4 月		110 年 3 月	
農曆	三月大		二月大	
干支	壬辰		辛卯	
節氣（國曆）	4 月 20 日 穀雨寅時 4 時 33 分	4 月 4 日 清明亥時 21 時 35 分	3 月 20 日 春分酉時 17 時 37 分	3 月 5 日 驚蟄申時 16 時 54 分
國曆	支干	農曆三月	支干	農曆二月
1	己卯	二十	戊申	十八
2	庚辰	廿一	己酉	十九
3	辛巳	廿二	庚戌	二十
4	壬午	廿三	辛亥	廿一
5	癸未	廿四	壬子	廿二
6	甲申	廿五	癸丑	廿三
7	乙酉	廿六	甲寅	廿四
8	丙戌	廿七	乙卯	廿五
9	丁亥	廿八	丙辰	廿六
10	戊子	廿九	丁巳	廿七
11	己丑	三十	戊午	廿八
12	庚寅	三月	己未	廿九
13	辛卯	初二	庚申	二月
14	壬辰	初三	辛酉	初二
15	癸巳	初四	壬戌	初三
16	甲午	初五	癸亥	初四
17	乙未	初六	甲子	初五
18	丙申	初七	乙丑	初六
19	丁酉	初八	丙寅	初七
20	戊戌	初九	丁卯	初八
21	己亥	初十	戊辰	初九
22	庚子	十一	己巳	初十
23	辛丑	十二	庚午	十一
24	壬寅	十三	辛未	十二
25	癸卯	十四	壬申	十三
26	甲辰	十五	癸酉	十四
27	乙巳	十六	甲戌	十五
28	丙午	十七	乙亥	十六
29	丁未	十八	丙子	十七
30	戊申	十九	丁丑	十八
31			戊寅	十九

辛丑年年曆

110 年 6 月		110 年 5 月		國曆
五月大		四月小		農曆
甲午		癸巳		干支
6 月 21 日 夏至午時 11 時 32 分	6 月 5 日 芒種酉時 18 時 52 分	5 月 21 日 小滿寅時 3 時 37 分	5 月 5 日 立夏未時 14 時 47 分	節氣 （國曆）
支干	農曆五月	支干	農曆四月	國曆
庚辰	廿一	己酉	二十	1
辛巳	廿二	庚戌	廿一	2
壬午	廿三	辛亥	廿二	3
癸未	廿四	壬子	廿三	4
甲申	廿五	癸丑	廿四	5
乙酉	廿六	甲寅	廿五	6
丙戌	廿七	乙卯	廿六	7
丁亥	廿八	丙辰	廿七	8
戊子	廿九	丁巳	廿八	9
己丑	五月	戊午	廿九	10
庚寅	初二	己未	三十	11
辛卯	初三	庚申	四月	12
壬辰	初四	辛酉	初二	13
癸巳	初五	壬戌	初三	14
甲午	初六	癸亥	初四	15
乙未	初七	甲子	初五	16
丙申	初八	乙丑	初六	17
丁酉	初九	丙寅	初七	18
戊戌	初十	丁卯	初八	19
己亥	十一	戊辰	初九	20
庚子	十二	己巳	初十	21
辛丑	十三	庚午	十一	22
壬寅	十四	辛未	十二	23
癸卯	十五	壬申	十三	24
甲辰	十六	癸酉	十四	25
乙巳	十七	甲戌	十五	26
丙午	十八	乙亥	十六	27
丁未	十九	丙子	十七	28
戊申	二十	丁丑	十八	29
己酉	廿一	戊寅	十九	30
		己卯	二十	31

辛丑年年曆

國曆	110年8月		110年7月	
農曆	七月大		六月小	
干支	丙申		乙未	
節氣（國曆）	8月23日 處暑卯時 5時35分	8月7日 立秋未時 14時54分	7月22日 大暑亥時 22時26分	7月7日 小暑卯時 5時05分
國曆	支干	農曆七月	支干	農曆六月
1	辛巳	廿三	庚戌	廿二
2	壬午	廿四	辛亥	廿三
3	癸未	廿五	壬子	廿四
4	甲申	廿六	癸丑	廿五
5	乙酉	廿七	甲寅	廿六
6	丙戌	廿八	乙卯	廿七
7	丁亥	廿九	丙辰	廿八
8	戊子	七月	丁巳	廿九
9	己丑	初二	戊午	三十
10	庚寅	初三	己未	六月
11	辛卯	初四	庚申	初二
12	壬辰	初五	辛酉	初三
13	癸巳	初六	壬戌	初四
14	甲午	初七	癸亥	初五
15	乙未	初八	甲子	初六
16	丙申	初九	乙丑	初七
17	丁酉	初十	丙寅	初八
18	戊戌	十一	丁卯	初九
19	己亥	十二	戊辰	初十
20	庚子	十三	己巳	十一
21	辛丑	十四	庚午	十二
22	壬寅	十五	辛未	十三
23	癸卯	十六	壬申	十四
24	甲辰	十七	癸酉	十五
25	乙巳	十八	甲戌	十六
26	丙午	十九	乙亥	十七
27	丁未	二十	丙子	十八
28	戊申	廿一	丁丑	十九
29	己酉	廿二	戊寅	二十
30	庚戌	廿三	己卯	廿一
31	辛亥	廿四	庚辰	廿二

110 年 10 月		110 年 9 月		國曆
九月大		八月小		農曆
戊戌		丁酉		干支
10 月 23 日 霜降午時 12 時 51 分	10 月 8 日 寒露巳時 9 時 39 分	9 月 23 日 秋分寅時 3 時 21 分	9 月 7 日 白露酉時 17 時 53 分	節氣 （國曆）
支干	農曆九月	支干	農曆八月	國曆
壬午	廿五	壬子	廿五	1
癸未	廿六	癸丑	廿六	2
甲申	廿七	甲寅	廿七	3
乙酉	廿八	乙卯	廿八	4
丙戌	廿九	丙辰	廿九	5
丁亥	九月	丁巳	三十	6
戊子	初二	戊午	八月	7
己丑	初三	己未	初二	8
庚寅	初四	庚申	初三	9
辛卯	初五	辛酉	初四	10
壬辰	初六	壬戌	初五	11
癸巳	初七	癸亥	初六	12
甲午	初八	甲子	初七	13
乙未	初九	乙丑	初八	14
丙申	初十	丙寅	初九	15
丁酉	十一	丁卯	初十	16
戊戌	十二	戊辰	十一	17
己亥	十三	己巳	十二	18
庚子	十四	庚午	十三	19
辛丑	十五	辛未	十四	20
壬寅	十六	壬申	十五	21
癸卯	十七	癸酉	十六	22
甲辰	十八	甲戌	十七	23
乙巳	十九	乙亥	十八	24
丙午	二十	丙子	十九	25
丁未	廿一	丁丑	二十	26
戊申	廿二	戊寅	廿一	27
己酉	廿三	己卯	廿二	28
庚戌	廿四	庚辰	廿三	29
辛亥	廿五	辛巳	廿四	30
壬子	廿六			31

辛丑年年曆

國曆	110 年 12 月		110 年 11 月	
農曆	十一 月大		十月小	
干支	庚子		己亥	
節氣（國曆）	12 月 21 日 冬至子時 23 時 59 分	12 月 7 日 大雪卯時 5 時 57 分	11 月 22 日 小雪巳時 10 時 34 分	11 月 7 日 立冬午時 12 時 59 分
國曆	支干	農曆十一 月	支干	農曆十月
1	癸未	廿七	癸丑	廿七
2	甲申	廿八	甲寅	廿八
3	乙酉	廿九	乙卯	廿九
4	丙戌	十一月	丙辰	三十
5	丁亥	初二	丁巳	十月
6	戊子	初三	戊午	初二
7	己丑	初四	己未	初三
8	庚寅	初五	庚申	初四
9	辛卯	初六	辛酉	初五
10	壬辰	初七	壬戌	初六
11	癸巳	初八	癸亥	初七
12	甲午	初九	甲子	初八
13	乙未	初十	乙丑	初九
14	丙申	十一	丙寅	初十
15	丁酉	十二	丁卯	十一
16	戊戌	十三	戊辰	十二
17	己亥	十四	己巳	十三
18	庚子	十五	庚午	十四
19	辛丑	十六	辛未	十五
20	壬寅	十七	壬申	十六
21	癸卯	十八	癸酉	十七
22	甲辰	十九	甲戌	十八
23	乙巳	二十	乙亥	十九
24	丙午	廿一	丙子	二十
25	丁未	廿二	丁丑	廿一
26	戊申	廿三	戊寅	廿二
27	己酉	廿四	己卯	廿三
28	庚戌	廿五	庚辰	廿四
29	辛亥	廿六	辛巳	廿五
30	壬子	廿七	壬午	廿六
31	癸丑	廿八		

辛丑年年曆

111 年 2 月		111 年 1 月		國曆
正月大		十二月小		農曆
壬寅		辛丑		干支
2 月 19 日 雨水子時 0 時 43 分	2 月 4 日 立春寅時 4 時 51 分	1 月 20 日 大寒巳時 10 時 39 分	1 月 5 日 小寒酉時 17 時 14 分	節氣 （國曆）
支干	農曆正月	支干	農曆十二月	國曆
乙酉	正月	甲寅	廿九	1
丙戌	初二	乙卯	三十	2
丁亥	初三	丙辰	十二月	3
戊子	初四	丁巳	初二	4
己丑	初五	戊午	初三	5
庚寅	初六	己未	初四	6
辛卯	初七	庚申	初五	7
壬辰	初八	辛酉	初六	8
癸巳	初九	壬戌	初七	9
甲午	初十	癸亥	初八	10
乙未	十一	甲子	初九	11
丙申	十二	乙丑	初十	12
丁酉	十三	丙寅	十一	13
戊戌	十四	丁卯	十二	14
己亥	十五	戊辰	十三	15
庚子	十六	己巳	十四	16
辛丑	十七	庚午	十五	17
壬寅	十八	辛未	十六	18
癸卯	十九	壬申	十七	19
甲辰	二十	癸酉	十八	20
乙巳	廿一	甲戌	十九	21
丙午	廿二	乙亥	二十	22
丁未	廿三	丙子	廿一	23
戊申	廿四	丁丑	廿二	24
己酉	廿五	戊寅	廿三	25
庚戌	廿六	己卯	廿四	26
辛亥	廿七	庚辰	廿五	27
壬子	廿八	辛巳	廿六	28
		壬午	廿七	29
		癸未	廿八	30
		甲申	廿九	31

出生節氣屬性與適合職業對照表

日干甲乙（木）					
出生日＼職業屬性	金	木	水	火	土
春月之木	可	良	劣	優	差
夏月之木	可	差	優	劣	良
秋月之木	良	可	劣	優	差
冬月之木	差	可	劣	優	良
日干丙丁（火）					
出生日＼職業屬性	金	木	水	火	土
春月之火	優	可	劣	良	差
夏月之火	可	劣	優	差	可
秋月之火	差	優	劣	良	可
冬月之火	差	優	劣	良	可
日干戊己（土）					
出生日＼職業屬性	金	木	水	火	土
春月之土	差	劣	可	優	良
夏月之土	可	良	優	劣	差
秋月之土	劣	優	差	良	可
冬月之土	差	良	優	可	劣
日干庚辛（金）					
出生日＼職業屬性	金	木	水	火	土
春月之金	良	差	劣	可	優
夏月之金	優	差	良	劣	可
秋月之金	劣	良	優	可	差
冬月之金	良	差	劣	可	優
日干壬癸（水）					
出生日＼職業屬性	金	木	水	火	土
春月之水	差	優	劣	可	良
夏月之水	良	劣	優	差	可
秋月之水	優	可	差	良	劣
冬月之水	差	良	劣	優	可

七

招財補運 DIY

考生必備：文昌風水

傳統上想要打入主流，必然依循科考，因而有所謂「十年寒窗無人問，一舉成名天下知」的說法。現今社會雖然成功的管道日趨多元，但透過讀書累積知識、學問，進而獲得好的學歷，依舊是學子們最大的期望。因此，如何增加文昌運，使得學習順利，考試取得好成績，自然是受到關注。

文昌位與環境布置

文昌運好壞可由幾個方面來看，包括：「個人文昌」、「風水文昌」、「居家文昌」等。其中，個人文昌指的是一個人先天是否帶著學習、記憶、分析、判斷的能力，或是有利於讀書、考試的格局；風水文昌主要有兩個影響因素，一個是指外在整體的大型風水，另一個指的是住家方位與祖墳。上述兩種雖影響一個人的文昌運，但也較不容易對其改善。因此，居家文昌具有靈活的調整空間，也是常用的手法。

居家文昌位及其運用

居家文昌位又分為「固定文昌位」與「流年文昌位」。固定文昌位又分為依據門向的「大門文昌位」及依據座向的「座向文昌位」兩種，它是不會隨著流年而變化，是房子的真文昌位。因此，除非房屋整體結構產生明顯的改變，否則居住地的固定文昌位基本上是不更動的。

流年文昌位則指的是依照「九宮飛星」來推算出的文昌位。其理論是認為代表居家運勢的九顆星，每年會轉換位置落在不同的方位上，故又被叫做「流年方位」。其中的「四綠」就是文昌，因年年位置不同，因而稱之為「流年文昌位」。此方位主考試讀書，若善用之能加強頭腦判斷與學習成果，亦可強化考運。二〇二一年的「四綠」即文昌位來到「東方」，對於學生或正在準備考試、尋求公職的人，都可以運用這個位置來助旺運勢。

而文昌位的尋找方式及其後續應用的詳細做法，因篇幅關係，可再參考謝沅瑾老師的相關書籍、文章、官網、粉絲頁等，會有更清楚的解說。

文昌位強化與改善

如果家中有考生想要催旺文昌，強化讀書運和考運，最常見的方式是點燈，方法是在立燈或檯燈上綁紅布條、紅繩或紅線，可以的話每日至少點亮八小時或使其長明，這代表開啟智慧，也對考運加分。另外，也可在文昌位上擺文房四寶、懸掛文昌筆架，或貼上魁星踢斗或鰲的圖像，或是放紫水晶，讓思路清晰，增強注意力與記憶力，自然容易獲得好成績。

要注意，文昌位必須保持整齊、清潔、明亮，不可拿來堆雜物或垃圾，以免影響相關運勢。而如果流年文昌位正好落在廁所或比較汙穢的地方，對於判斷分析跟理解能力會有負面影響，此時可以在該處擺土種黃金葛，並設法以燈光照射，化解不好的影響。

書房布局與桌面擺設

以在學的學生來說，書桌的擺設應該讓眼前不要有會干擾學習的事物，像是床鋪、電視、海報、一般飾品等，雜物越少，越能專心，讀書的效率跟成果都會較高。此外還有一些原則，像是書桌不要擺在出入動線上，也要盡量避開橫樑壓頂，或是有尖銳形狀的物品正對書桌等，以免不安於坐，造成負面的後果。

至於桌面擺設的方式也跟提升運氣有關，最好方式是電腦（或螢幕）靠桌面左邊，右邊則放置文件與文具，而美工刀、剪刀等利器不使用時都收好。這樣的佈局可以營造安心的氣氛，讓坐在桌前的人專心讀書或辦公。桌上若有空間也可以放置偏向圓形的紫水晶，加強思考能力。

祈求好考運

在民間信仰中，有五位與讀書相關的神明稱為「五文昌」，除了眾人熟知的文昌帝君外，還有四位有關的神明，分別是：孚佑帝君、魁斗星君、朱衣星君、文衡帝君。

在今日，經常可以看到許多考生帶著准考證、祭品，誠心祈求希望得到神明的關注與加持，庇佑學習與考試順利。雖然說讀書要靠自己，但祭拜文昌這樣的儀式，具有穩定心神的功效，安撫考試時緊張不安的狀況，減低失誤，進而發揮最大的實力。

適合的供品

祭拜文昌有一些常見的供品，這些通常是取其諧音，讓考生有中第的聯想，增強信心。它們分別是：

蔥：意指聰明。

蒜：擅長計算。

筍：諸事順利。

芹菜：行事勤快。

甘蔗：代表節節高升。

糕餅：高分及第。

鳳梨（旺來）：考運旺。

白蘿蔔（菜頭）：意寓好彩頭。

包子連同粽子：象徵包準中第。

狀元糕、狀元餅：有考試及第的聯想。

增強考運的拜法

準備好適當的供品後，再到廟裡向神明祈求保佑。一般而言，建議祭拜的步驟如下：

一、**由龍門入廟：**民間認為自廟的龍邊（面對廟門的右邊）進廟，能吉祥如意、化解災厄，招來福氣。

二、拜天公爐：一般廟宇會設有祭拜最高神明玉皇大帝的天公爐，入廟後先拜天公，表達誠摯的敬意。

三、拜主祀神與陪祀神：主祀神指該廟的主要供奉神明，陪祀神則是於主神兩旁或供於偏殿的神明。拜文昌或祈求考運前應該先祭拜主祀神與陪祀神，以示尊重。

四、祈求考運：可先準備平時的書本文具，向神明說出考生姓名、地址、考試日期與內容後，將這些物品在主爐上方順時針轉三圈「過香火」，若已有准考證，可準備影印本放置在廟方允許的地方，讓神明印象更深刻。

五、點燈祈福：如果廟裡設有文昌燈或燭台，考生也可點燈或蠟燭，象徵提升運勢、照亮考運。

六、由虎口出廟：拜完之後，必須要由廟的虎邊（面對廟門的左邊）離開，代表趨吉避凶，好運滿滿。

《破窯賦》中提到：「馬有千里之程，無騎不能自往；人有沖天之志，非運不能自通。」雖然取得功名最重要是要靠自己的努力，但如果可以透過一些方法讓讀書時心更安，考試時運更好，自然是如猛虎加之羽翼，稱心翱翔於學海。

辛丑年太歲星君安奉與太歲符

「太歲」又稱「歲星」，每個人出生年與太歲都有對應關係，根據沖犯原則，就有「正沖」跟「偏沖」的概念產生。「正沖」就是正對自己的生肖年，而「偏沖」是指相隔六年。不管是正沖或偏沖，都屬不吉，都必須在年初「安奉太歲」，以求平安。而到了年尾則須「謝太歲」，感謝太歲整年的保佑。

太歲安奉法（年初安太歲）

安奉地點：可供奉在神桌上。

安奉時間：農曆正月初九、正月十五日，或選吉日安奉。

安奉供品：清茶、水果、香燭，另備壽金、太極金、天金。

安奉方法：將太歲符安放在正確位置後，備好香案，點三支香，心中默唸：「弟子○○○因本年沖犯太歲，請太歲星君到此鎮宅，保佑平安。」香燃過一半之後，即可燒化金紙，儀式完成。

謝太歲法（年尾謝太歲）

謝太歲地點：太歲供奉處。

謝太歲時間：農曆十二月二十四日上午吉時。

謝太歲供品：清茶、水果、香燭，另備壽金、太極金、天金。

謝太歲方法：在安奉太歲符前，備好香案，點三支香，心中默唸：「弟子〇〇〇，今備香花四果，感謝太歲星君一年的保佑。」之後取下太歲符，同金紙一同燒化即完成。

今年需安太歲者：

正沖——相牛人：一歲、十三歲、廿五歲、卅七歲、四九歲、六一歲、七三歲、八五歲

偏沖——相羊人：七歲、十九歲、卅一歲、四三歲、五五歲、六七歲、七九歲、九一歲

現在居住地：

信士
信女

奉敬

恭請

辛丑太歲楊信大將軍

到府坐鎮

謹

太歲稱號之差異

根據「六十甲子」的循環，太歲星君共有六十位。目前台灣各地所供奉的太歲星君，稱號都略有差異，但讀音都幾乎相近，因此有一說認為，這差異應是讀音與標記所引起。辛丑年的太歲星君為「楊信星君」。

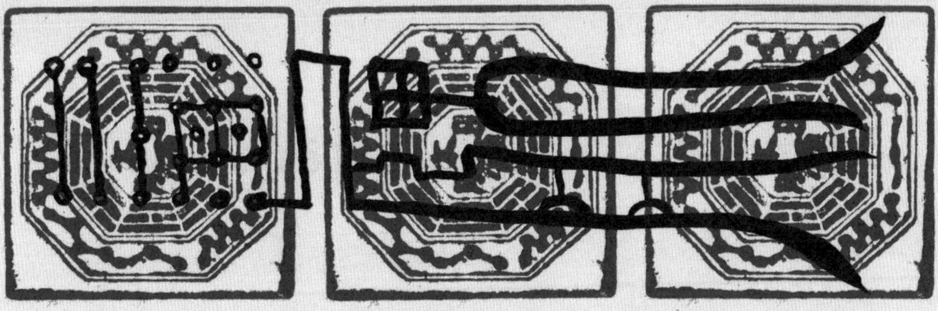

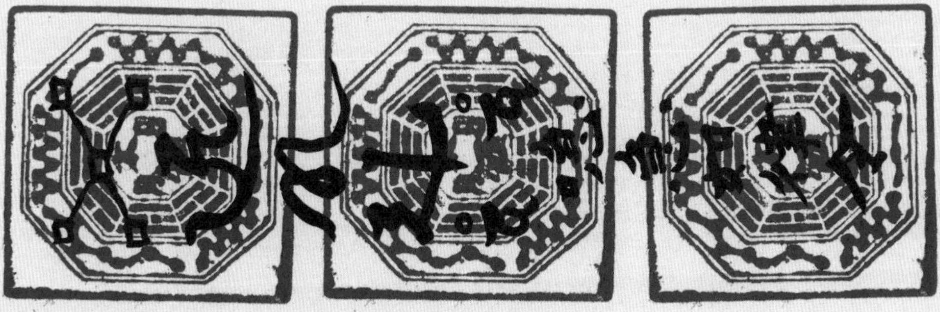

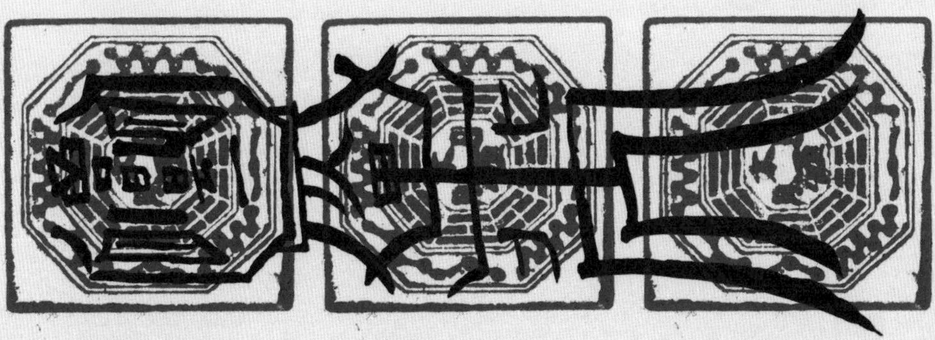

辛丑年個人招財符

謝沅瑾
命理研究中心
瑾

辛丑年居家招財符

謝沅瑾
命理研究中心
瑾

辛丑年店面招財符

謝沅瑾
命理研究中心
瑾

個人、店面、居家招財符

招財符使用說明

本次隨書附贈之「招財符三連發」（右頁，請讀者自行剪裁），分別為個人招財符、店面招財符與居家招財符。皆由謝沅瑾老師親自繪製開光，希望能帶給讀者一個好運滿滿的辛丑年。

⊙使用方法

個人招財符收在皮夾裡，隨身攜帶。居家與店面招財符，則擺放在家裡或店裡的隱密處，一般來說，店面招財符可以擺放在收銀台或櫃台的收銀機、抽屜之中，居家招財符則可以擺放在家裡的財位上，可以更加催動財位。

此符有一整年之效力，使用前可以先拿到陽廟之主爐上過香火，更添效力。擺放或者攜帶一年之後，在農曆十二月廿四日送神日時，同金紙一起燒化即可。謝沅瑾老師在此還要提醒大家，平日若多行善積德，努力工作，則招財效果更佳！

個人招財符置於皮包內，居家店面招財符則置於財位隱密處。

玩藝 0100

謝沅瑾牛年生肖運勢大解析

史上最萬用的開運工具書，謝老師親算二〇二一農民曆、流年流月，一書在案，平安、財富、好運來！

謝沅瑾牛年生肖運勢大解析：史上最萬用的開運工具書，謝老師親算二〇二一農民曆、流年流月，一書在案，平安、財富、好運來！/ 謝沅瑾作 . -- 初版 . -- 臺北市：時報文化出版企業股份有限公司，2020.11
　面；　公分
ISBN 978-957-13-8443-6(平裝)

1. 改運法 2. 命書

295.7　　109017329

作　　者——謝沅瑾
書籍製作——謝沅瑾命理研究中心
攝　　影——高政全
全書設計——楊雅屏
責任編輯——王苹儒
責任企劃——周湘琦

總 編 輯——周湘琦
董 事 長——趙政岷
出 版 者——時報文化出版企業股份有限公司
108019 台北市和平西路三段二四〇號二樓
發行專線（02）2306-6842
讀者服務專線　0800-231-705、（02）2304-7103
讀者服務傳真（02）2304-6858
郵撥　1934-4724 時報文化出版公司
信箱　10899 臺北華江橋郵局第 99 信箱
時報悅讀網— http://www.readingtimes.com.tw
電子郵件信箱— books@readingtimes.com.tw
時報出版風格線臉書— https://www.facebook.com/bookstyle2014
法律顧問——理律法律事務所　陳長文律師、李念祖律師
印　　刷——和楹印刷股份有限公司
初版一刷——2020 年 11 月 20 日
定　　價——新台幣 399 元

服裝提供　九段三坊

預購限定

謝沅瑾老師親自開光加持

「龍穴招財錢母」

一面為「龍穴風水金卡」，
一面為一枚開過光之「五帝錢」

龍穴招財錢母

讓您趨吉避凶，贏得先機。

擺放於辦公桌、書桌、工作桌，或是懸掛於車內……等等，皆能提升個人工作運、事業運、文昌運……等等，讓人判斷準確，做事順暢有效率，事事順利成功，財運滾滾而來！

隨身配帶：能強化個人之財運等各種運勢

五帝錢

五帝分別為清朝的五個皇帝：順治、康熙、雍正、乾隆、嘉慶。擁有五個盛世皇帝能量的帝錢，具有強化氣場功能。

功效：具有強化氣場、提升個人運勢、財運；
放在財位可以強化氣場；隨身配帶可以強化個人運勢。

龍穴風水金卡

中國傳統民俗文化，歷朝歷代上至天子、下至庶民，無不尋找龍脈龍穴，以期借天地之氣，上至延續朝代，下至延續家運，提昇升官發財的機會！

可以擺放於辦公桌、書桌等，能夠提升工作運、考試運、文昌運等個人運勢，充滿正能量，讓您在做事時順利大吉，

隨身配帶：提升個人正能量！